ulmer

Philippe Collignon | Bernard Bureau

MEHR-JÄHRIGES GEMÜSE

EINMAL PFLANZEN, DAUERND ERNTEN

Aus dem Französischen
von Sabine Hesemann

Inhalt

Wozu braucht man einen Gemüsegarten, der dauerhaft von selbst wächst?

In der heutigen Zeit sind wir hin- und hergerissen zwischen Zeitmangel und dem Wunsch nach besseren, weil selbst angebauten Nahrungsmitteln und möchten dafür natürlich keine Unsummen aufwenden. Es existiert eine kaum bekannte Kategorie von Gemüse, die man nur einmal anbauen muss, um sie viele Jahre lang ernten zu können: die mehrjährigen Gemüse. Mit ihnen kann man einen „Dauernutzgarten" anlegen, der sowohl Zeit als auch Geld spart. Eine gute Nachricht in Zeiten knapper Kassen. In diesem Buch stellen wir die besagten Gemüsearten und ihren Anbau vor.

Diese Gemüse haben viele Vorzüge. Erstens muss man nicht besonders viel Geld ausgeben. Für eine vierköpfige Familie genügen weniger als 200 Euro. Zweitens verringert sich der gärtnerische Aufwand um das Zehnfache. Das liegt zum einen daran, dass die meisten Arten alljährlich zur Ihrer Freude von selbst wieder aufgehen. Wenn Sie dazu noch unsere Empfehlungen für die minimale Pflege befolgen, vor allem das Mulchen mit Stroh, dann reduzieren sich Ihre Gartenarbeit im Sommer sowie der Einsatz von gesundheitsschädlichen Unkrautvernichtungsmitteln merklich. Dadurch werden Ihre Gemüse besser im Geschmack und gesünder. Schmalblättriger Doppelsame (Wilde Rauke) schmeckt besser und ist reicher an Vitamin C und Kalzium als der gewöhnliche Rucola, den man im Supermarkt-Regal findet. Schon wenige Stunden nach dem Schnitt ist der Letztgenannte welk und fade.

Ein Gemüsegarten sorgt außerdem für Spaß, Blüten und Individualität. Egal, wie groß die Anbaufläche im Garten oder auf dem Balkon ist, man kann darauf einen dauerhaften Gemüsegarten anlegen, die mehrjährigen Gemüse mit den gewöhnlichen einjährigen Gemüsen kombinieren oder sie in die Zierpflanzenbeete integrieren. Also dann: Stürzen Sie sich nun zusammen mit uns in dieses wunderbare Abenteuer.

Ziel dieses Buches ist die maximale Minimierung der Gartenarbeit unter dem Motto „Pflanzen, um nicht wieder pflanzen zu müssen". Dazu sind die mehrjährigen Gemüse der Schlüssel und ebenso das Mulchen. Wie Sie später sehen werden, ist dies ein wichtiger und unverzichtbarer Teil unserer Philosophie.

Acker-Lauch (oder Sommer-Lauch, Allium ampeloprasum) ist eine sichere Bank: Schneiden Sie ihn mehrfach in der Saison ab, er wird wieder wachsen!

Beete anlegen

Einen dauerhaften Gemüsegarten anlegen

Wohin damit?

Wir möchten Sie dazu einladen, mit den üblichen Überlegungen zu brechen. Legen Sie ihren Nutzgarten nicht irgendwo am Rand des Gartens an, wo Sie ihn nicht sehen. Einen Gemüsegarten sollte man tagtäglich im Blick haben. Heutzutage ist er zudem ein hübscher Anblick, weil wir darin unser Gemüse gemeinsam mit Zierblumen und essbaren Blüten anpflanzen können.

Wählen Sie daher eine Stelle **nahe am Haus**, an der Sie täglich vorbeikommen werden und das Wachsen des Gemüses beobachten können. Wenn nötig, können Sie dann auch rasch helfend eingreifen. Denken Sie auch an den möglichst unkomplizierten Einsatz und Transport von Material wie Pflanzerde und Mulch. Ein Beet weitab von Gartenwegen macht viele unnötige Arbeitsschritte erforderlich. Legen Sie den Gemüsegarten auch in der Nähe eines Wasseranschlusses an. Es ist kein Vergnügen, wenn man unendliche Meter Gartenschlauch ausrollen muss …

Die Stelle sollte **mindestens sechs Stunden täglich in der Sonne** liegen, gerne länger. Je schattiger Ihre Schützlinge stehen, desto schwächer und anfälliger werden sie gegenüber Parasiten und Krankheiten. Eine gute Standortwahl bedeutet Vorbeugung. Um gesunde Gemüsepflanzen anzubauen, sollte man alle Vorteile auf seiner Seite haben. In nördlicheren Regionen wird der Gemüsegarten am besten auf der Süd- oder Südwestseite des Hauses angelegt. Hier herrscht optimale Wärme und im Frühling wärmt sich der Boden gut auf. Sonne sollte man haben, Wind jedoch kaum! Andernfalls muss man eine Hecke pflanzen, die vor allem im Frühling die zerstörerischen Kräfte des Windes (Frost, Austrocknung, Umbrechen) im Zaum hält. Der Boden

Standort des Gemüsegartens

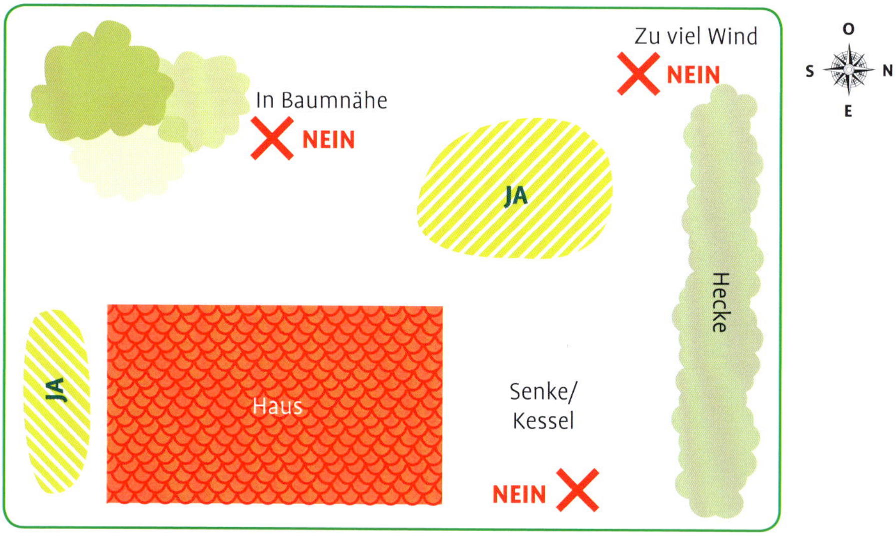

Ein Gemüsegarten in unmittelbarer Nähe des Hauses lässt sich leicht pflegen. Auf jeden Fall sollte er sehr sonnig gelegen sein.

sollte gesund und tief sein. Ein Tipp: Wenn Sie irgendwo Brennnesseln im Garten entdecken, reißen Sie diese mit der Wurzel aus und wählen Sie diese Stelle für ihr erstes Gemüsebeet. Beobachten Sie auch, was „die Alten taten" oder der Nachbar, denn oft ist das der gute Rat, den man beim Abenteuer Garten braucht.

Platzieren Sie den Gemüsegarten nicht in der Nähe hoher Bäume, da diese viel Wasser und Nährstoffe zehren. Meiden Sie auch Senken oder Vertiefungen, weil diese sich nur schwer erwärmen und im Frühling oder Herbst oft zu feucht sind. Nutzen Sie für gutes Pflanzenwachstum den Vorteil von sich leicht nach Süden neigenden Hängen.

Beurteilen Sie die Qualität Ihres Bodens

Vor Ihrem ersten Spatenstich muss klar sein, welche Art Boden Sie unter den Füßen haben. Nehmen Sie eine Handvoll Erde, pressen Sie sie in Ihrer Faust zusammen und öffnen Sie sie wieder:

- Wenn der Boden leicht auseinanderrieselt, dann ist er zweifelsfrei sandig und muss mit organischem Material (Kompost) angereichert werden, damit er das Wasser und die Nährstoffe besser speichert.
- Wenn er normal krümelt, dann besteht die Möglichkeit, dass sich Ihre Gemüsepflanzen darin wohlfühlen.
- Wenn er einen kompakten Klumpen bildet, dann ist er vermutlich lehmig und muss gelockert werden, damit er wasserdurchlässiger wird. Auch hier empfiehlt sich die Zugabe von Kompost, auf kleiner Fläche kann man Sand untermischen.

Wir werden zudem sehen, dass man bei lehmigen Böden den Gemüsegarten besser in erhöhten Beeten unterbringt, um den Ablauf des Wassers und die Erwärmung des Bodens im Frühling zu begünstigen.

Zu viel Wasser ist der größte Feind Ihrer zukünftigen Pflanzungen, vor allem bei Wurzelgemüse. Um festzustellen, ob der Boden ausreichend wasserdurchlässig ist, kann man ein einfaches Experiment durchführen: Man hebt ein 25 cm tiefes Loch aus und füllt es innerhalb von zwei Tagen komplett zweimal mit Wasser auf. Am dritten Tag füllt man es erneut und nimmt die Zeit: Wenn sechs Stunden später am Grund des Lochs noch Wasser steht, dann sollte man die Drainage des Bodens verbessern oder den Standort wechseln.

Wenn Sie unsicher sind, können Sie auch eine Bodenanalyse durchführen lassen, um einen Steckbrief Ihres Gartenbodens zu erhalten (Durchlässigkeit, Struktur, Textur, organische Zusammensetzung). Danach können Sie den Standort Ihres künftigen Gemüsegartens festlegen. Viele Gärtnereien bieten diese Dienstleistung in Kooperation mit Speziallaboren des Agrarsektors an. Je nach Analyse kostet dieser Service zwischen 50 und 100 Euro.

Bei der Beetanlage ist oft die Zugabe von Kompost nützlich: Er verbessert schwere und sandige Böden gleichermaßen.

Arbeiten Sie mit Kompost

Egal ob sandig oder lehmig, die Anreicherung mit gut zersetztem, organischem Material, also Kompost, verbessert die Bodenqualität. Sie können entweder den eigenen Kompost aus Baum- und Rasenschnittgut sowie Nahrungsmittelabfall verwenden oder einfach Kompost im Gartenfachhandel kaufen.

Mischen Sie das zersetzte, organische Material unter den Boden. Für einen erfolgreichen Start empfiehlt sich eine Schicht von 5–8 cm, also 5 m³ auf 100 m² Fläche. Arbeiten Sie das Material etwa 15 cm tief ein, um den bodenlebenden Mikroorganismen zu einem guten Start zu verhelfen.

Den Boden bereiten

Bei der Bodenbearbeitung gibt es zwei Methoden: Der Boden wird mittels Motorpflug oder durch Umgraben völlig umgewälzt oder man bricht nur seine Oberfläche auf und reichert ihn von Zeit zu Zeit mit organischen Stoffe an.

Gesichert ist, dass durch das Umwälzen der Bodenschicht bis in 20 cm Tiefe die Mikroorganismen gestört werden. Ebenso sicher ist, dass das reine Aufkratzen weniger Zentimeter an der Oberfläche zu einer starken Verdichtung des Bodens darunter führen kann.

Wir bevorzugen bei der Anlage des dauerhaften Gemüsegartens die Arbeit mit

Beim Anlegen eines Gemüsegartens wäre es sinnvoll, wenn man einen Motorpflug leiht oder mit anderen Gärtnern gemeinsam nutzt.

einem Motorpflug, den man sich dafür borgt. Sie können aber auch mit dem Spaten, oder einer Grabgabel graben, das ist ökologischer und sportlicher. Empfehlenswert sind Spaten mit zwei verschiedenen Blattlängen, vor allem bei der Pflanzung von Wurzelgemüse. Diese gedeihen dann besser.
Es gibt zahlreiche Vorteile:

- Bessere Bewurzelung
- Ausgeglichene Durchmischung des Bodens und der Bodenverbesserer
- Bessere Beurteilung der Bodenqualität, vor allem die Entdeckung vieler Steine (einen Gemüsegarten sollte man keinesfalls in steinigem Boden anlegen).

Der beste Zeitpunkt?

Einen Gemüsegarten kann man jederzeit anlegen, doch sollte man den Boden nach Möglichkeit mindestens eine Saison vorher bereiten. Legen Sie den Standort für die Beete beispielsweise im Herbst fest, wenn Sie im folgenden Frühjahr Gemüse anbauen möchten. Entscheidet man sich von jetzt auf gleich, dann besteht die Gefahr, dass das Unkraut wenige Tage nach der Aussaat oder Pflanzung die Beete überwuchert.

Erzfeind Unkraut

Unkräuter sind das Schreckgespenst unserer künftigen Dauerbeete. Wir betonen das, weil sie sich auf die Dauerhaftigkeit unserer Geschmacksoase auswirken.

Sie werden Jahr für Jahr der Quecke begegnen oder dem schwer herauszureißenden Hundszahngras (*Cynodon*).

Mulch ist unersetzlich, wenn man sich Arbeit sparen möchte!

Das Jäten von Hand gelingt ganz gut, indem man so viele Wurzeln wie möglich herausreißt. Doch oft bleiben unterirdisch noch Wurzeln zurück, so dass man schier verzweifelt.

Um das Auflaufen von Unkraut weitestgehend einzuschränken, wenden vorausschauende Gärtner die „Kartontechnik" an. Dabei breitet man auf der Fläche, die man bestellen möchte, flachgelegte Pappkartons aus, und nach einem Monat Wartezeit hat die Finsternis ihr Vernichtungswerk getan. Dann hebt man die Abdeckung ab, wartet auf das neuerliche Aufgehen des Unkrauts und harkt es heraus. Diese Methode wird im ökologischen Anbau sehr häufig angewendet. Man kann auch eine schwarze Plastikfolie oder einen alten Teppichrest verwenden, was wirkungsvoll ist, aber ziemlich hässlich.

Es gibt aber auch und vor allem **die Methode des Mulchens**, die wir an anderer Stelle ausführlich erläutern werden. Sie bietet eine der wirkungsvollsten Lösungen im Kampf gegen unerwünschte Pflanzen. Zugleich schafft der Mulch optimale Bodenverhältnisse und Lebensbedingungen für seine Bewohner.

Die besten Gemüse für Neulinge

Fangen Sie klein an und stürzen Sie sich nicht in riesige Beetanlagen. Im Freiland genügen anfänglich 25 bis 50 Quadratmeter. Und auf dem Balkon erfüllen Pflanzgefäßen aus Terrakotta mit einer ausgewogenen Mischung von Garten- und Pflanzerde ihren Zweck, um zu beginnen. Nichts hindert Sie jedoch, Großes zu planen und klassische Gemüsearten zusammen mit den Dauergemüsen anzubauen. Man kann den Gemüsebedarf einer vier- bis fünfköpfigen Familie aus einem Gemüsegarten von 100 m² Fläche durchaus bestreiten.

Die meistverkauften Gemüse mit Dauerertrag		
1	Acker-Lauch	15,00 %
2	Stauden-Kohl	14,00 %
3	Etagenzwiebel	13,00 %
4	Bärlauch	12,00 %
5	Berg-Lauch	7,60 %
6	Guter Heinrich (Gänsefuß)	6,50 %
7	Safran	4,40 %
8	Englischer Spinat	3,80 %
9	Zucker-Merk	3,60 %
10	Austernpflanze	3,60 %
11	Melonenbirne	3,50 %
12	Liebstöckel	3,50 %
13	Topinambur	3,50 %
14	Rockenbolle	3,00 %
15	Rapunzel-Glockenblume	3,00 %

Die Etagenzwiebel muss man einfach im mehrjährigen Gemüsebeet haben.

Ein kleiner, traditioneller Gemüsegarten mit Reihenbeeten vor einer Kulisse aus Topinambur.

Welchen Gartentyp sollte man wählen?

Traditionell in Reihen, heutzutage auch in Quadratbeeten, bei unebenem Gelände geschichtet oder sogar in Kübeln auf dem Balkon, mehrere Techniken sind möglich. Ein Gemüsegarten kann auch zur Zierde angelegt werden. Zögern Sie nicht, Blumen zu integrieren, das habe ich bei mir auch getan.

Um den Umriss des künftigen Gemüsegartens abzustecken, spannen Sie zur Markierung der Beete einfach Schnüre oder Kordeln. Für runde Formen verwenden Sie den Gartenschlauch.

Der dauerhafte Garten in Reihenbeeten

Diese traditionelle Methode hat sich seit Generationen bewährt. Man sät oder pflanzt die Gemüse dabei **reihenweise** nebeneinander. Die Anbaufläche ist in Rechtecke aufgeteilt, die durch schmale Wege getrennt sind. Die Beete sind etwa 80–100 cm breit.

Eine Pflanze ist noch gut erreichbar, wenn sie höchstens auf Armeslänge entfernt steht – also maximal 60 cm. Bedenken Sie dies, wenn Sie die Beetbreite festlegen.

Bei lehmigen Böden kann man die Beete etwa 20 cm anheben, damit das Wasser gut abläuft und sie sich im Frühling besser erwärmen. Bei sandigen Böden hingegen sollte man maximal 10 cm Höhe vorsehen, weil sie sonst im Sommer zu rasch austrocknen.

Nachteil dieser Methode ist, dass man den Boden verdichtet, wenn man immer zwischen den Beeten hindurchgeht. Das wirkt sich ungünstig auf die Entwicklung der Mikroorganismen im Boden, die Wurzeln und die Wasserführung aus. Es kann aber auch von Vorteil sein, wenn die Beete deutlich abgegrenzt sind und die Wege erkennbar. Will man die Verdichtung gering und die Füße trocken halten, bedeckt man die Wege mit Brettern (zum Beispiel von Paletten) oder unbehandelten Holzfliesen.

Verringern Sie die Verdichtung der Wege durch einen Belag aus Brettern, Holzfliesen, eine dicke Mulchschicht oder Gründünger (Klee).

Der dauerhafte Garten in Quadratbeeten

Gemüse in Quadratbeeten sind für den Anfang ein guter Kompromiss. Hübsch und verspielt beanspruchen sie wenig Fläche und eignen sie sich für jedes Gelände. Das Prinzip ist einfach: Das Gemüse wird nicht in Reihen sondern in quadratischen Beeten von 1,2 x 1,2 Metern angebaut, die von allen Seiten zugänglich sind. Das vereinfacht die Pflege und die Ernte. Mit einem dauerhaften Gemüsegarten in Quadratform genießt man den Vorteil, dass mehrjährige Gemüse und Gewürzkräuter für die Küche immer zur Hand sind.

Beispiele für Quadratbeete mit mehrjährigen Gemüsen

Berg-Lauch	Acker-Lauch	Etagen-Zwiebel
Guter Heinrich	Schwarzer Liebstöckel	Estragon
Wilde Rauke und Schnitt-Salat	Berg-Sauer-ampfer	Schnitt-Knoblauch

Quadrat Nr. 1: **Anfängermischung**

Bärlauch	Süßdolde	Echter Sellerie
Schnitt-Knoblauch	Estragon	Curry-Strauch
Wilde Rauke	Ananas-Salbei	Pimpinelle

Quadrat Nr. 2: **Gewürze**

Acker-Lauch	Stauden-Kohl	Pastinaken
Berg-Sauer-ampfer	Estragon	Berg-Lauch
Oka	Yacón	Etagen-zwiebel

Quadrat Nr. 3: **Suppeneinlagen**

Knollen-Ziest	Acker-Lauch	Erdmandel
Pastinake	Oka	Knollige Kapuziner-kresse (Mashua)
Amerika-nische Erdbirne	Yacón	Zucker-Merk

Quadrat Nr. 4: **Wurzelgemüse**

Guter Heinrich	Stauden-Kohl	Acker-Lauch
Englischer Spinat	Etagen-zwiebel	Austern-pflanze
Neusee-landspinat	Berg-Sauer-ampfer	Parakresse

Quadrat Nr. 5: **Blattgemüse**

Rote Wald-Erdbeeren	Gelbe Wald-Erdbeeren	Weiße Ananas-Erdbeeren
Physalis	Melonen-birne	Kirsch-tomate
Reise-tomate	Erdmandeln	Stachel-beere

Quadrat Nr. 6: **Obst**

Quadratbeete sind sowohl dekorativ als auch leicht zu pflegen.

Ein Gemüsegarten mit sechs Quadratbeeten genügt, um den jährlichen Gemüsebedarf von zwei Personen zu decken (siehe Beispiel).

Pflege: Je nach Jahreszeit regelmäßig gießen, rasch wachsende Pflanzen regelmäßig schneiden, bei Reife ernten.

Ob Bausatz oder selbst gebaut, füllen Sie Ihr Quadratbeet mit einer Mischung aus Garten- und Pflanzerde. Auf dem Balkon muss man eine Teichfolie unterlegen und diese mit einer 5-cm-Schicht Blähton bedecken. Vergessen Sie das Loch für den Wasserablauf nicht. Schließlich teilt man das Beet in 9 oder 12 kleine Quadrate zum Bepflanzen auf. Seitlich könnten Sie auch ein Rankgitter anbringen, um Stangenbohnen, Erbsen oder Tomaten daran ranken zu lassen.

Planen Sie im Nutzgarten auch Blumen ein. Sie locken bestäubende Insekten an, die zur Fruchtbildung unbedingt nötig sind.

Der dauerhafte Gemüsegarten auf dem Schichtbeet

Wenn sich der Gartenboden nicht zum Freilandanbau von Gemüse eignet, weil er zu steinig oder zu lehmig ist, dann wählen Sie das Schichtbeet. Diese „Lasagne"-Technik ist relativ neu, hat sich aber bereits bewährt.

Dabei werden Lagen unterschiedlichen Materials wie bei einer Lasagne abwechselnd übereinander geschichtet: holzige, sogenannten kohlenstoffreiche Schichten aus Astwerk und Zweigschnittgut sowie grüne, also stickstoffhaltige Schichten aus beispielsweise Rasenschnittgut.

Diese Technik kann man an jeder beliebigen Stelle anwenden und damit jeden Platz von Unkraut befreien. Man schichtet mehrere Lagen bis zu einer Höhe von insgesamt gut 30 cm übereinander, wie im Schema unten dargestellt. Über die gesamte Standzeit setzt sich der Mini-Hügel unaufhörlich und misst am Ende noch gut 10 cm Höhe. Das Geheimnis ist jedoch, dass man den Hügel nach dem Aufschichten ausreichend, etwa zwei Wochen lang, durchnässt. Man kann diese Schichten auch in die Quadratbeete einbringen. Alle Gemüsesorten gedeihen gut mit dieser Anbautechnik, doch ist sie aufwändig und zeitraubend, bis der Boden reif ist. Daher wendet man sie bevorzugt bei schlechten Böden an.

Gemüsegarten mit ausdauernden Arten, Château du Pin (siehe S. 20).

Drei beispielhafte Anlagen

Der Gemüsegarten von Château du Pin – ein Vorbild zum Nacheifern

Gut 20 Kilometer von Angers entfernt, in der Gemeinde Champtocé-sur-Loire, beherbergt das Château du Pin seit 2012 ein Gemüsegarten mit ausdauernden Arten. Ziel der Anlage ist es, alte Gemüsesorten zu zeigen und diese in einer Versuchspflanzung anzubauen, damit die breite Öffentlichkeit sie wiederentdecken kann. Außerdem sammelt man dort die alten Sorten, um sie zu erhalten und uns Geschmackserlebnisse neu entdecken zu lassen, die wir durch die intensive moderne Anbaukultur vergessen haben. Zu dem Gemüsegarten mit ausdauernden Sorten gehören auch Gewürzpflanzen, Heilkräuter und Blumen.

Jedes Jahr kommen dank der Sachkenntnis einiger leidenschaftlicher Wohltäter, zu denen auch wir selbst gehören, neue Pflanzungen hinzu. Zudem bietet der Garten die Möglichkeit, unterschiedliche Mulchmaterialien auszuprobieren, die von einem Partnerbetrieb namens Terre et nature St. Mars du Désert geliefert werden.

Die ausdauernden Gemüsesorten von Château du Pin

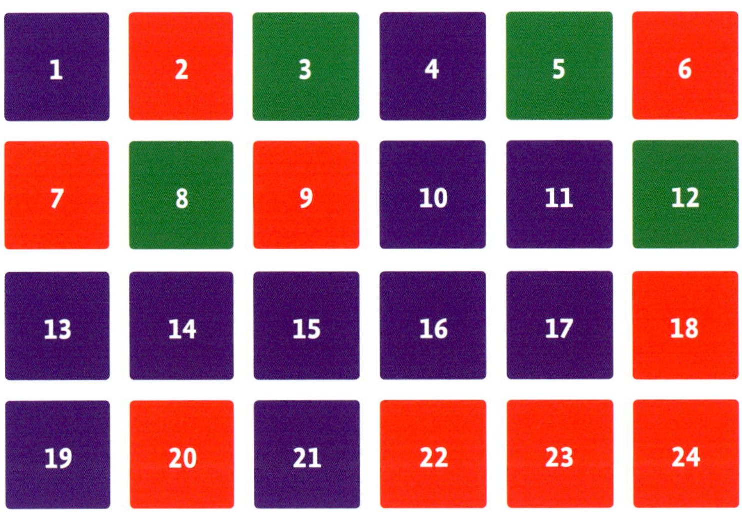

1) Schwarzer Liebstöckel
2) Etagenzwiebeln
3) Estragon
4) Oka
5) Süßdolde
6) Guter Heinrich
7) Englischer Spinat
8) Wilde Rauke
9) Berg-Sauerampfer
10) Erdmandel
11) Topinambur
12) Liebstöckel
13) Zucker-Merk
14) Amerikanische Erdbirne
15) Rockenbolle
16) Meerrettich
17) Knollenkümmel
18) Austernpflanze
19) Acker-Lauch
20) Stauden-Kohl
21) Knollen-Ziest
22) Beinwell
23) Berg-Lauch
24) Acker-Lauch

Sie werden auf einem Boden angebaut, der mit Kiefernrinde gemulcht ist. Das schützt vor Unkraut und hält Nacktschnecken fern.

Mein ausdauernder Gemüsegarten: Im Vordergrund wachsen Stauden-Kohl, Acker-Lauch und links Taglilien, deren gelbe Blüten essbar sind (Hemerocallis esculenta).

Mein ausdauernder Garten auf 50 m²: Mini-Fläche und Maxi-Spaß

Ein Garten, in dem ausdauernde Gemüse und Blumen zusammen angebaut werden, verbindet das Angenehme mit dem Nützlichen. Die Idee für alle, die nur eine kleine Anbaufläche haben!

Meinen Garten von 50 m² Größe habe ich auf verschiedenen Ebenen angelegt, damit ich mich nicht so viel bücken muss. Ich habe unter anderem Melonenbirne, Topinambur, Stauden-Kohl, Rockenbolle sowie Rauke angebaut und Blumen der Saison zum Aufhellen dazwischen gesetzt. Für die Mitte hatte ich die Idee zu einem Sammelbecken für Regenwasser zum Gießen. Obgleich ich diese Vorkehrung getroffen habe, durfte ich feststellen, dass ich dank einer 5 cm dicken Mulchschicht aus Kakaofasern seit Bepflanzung der Beete im März 2015 nicht gießen musste. Der Garten überstand sogar die Hundstage im Juni und Juli. An dieser Stelle sei daher ausdrücklich auf den großen Nutzen hingewiesen, Mulch mit ausdauernden Pflanzen zu kombinieren – seltener Gießen und Abwehr von Unkraut. Außerdem schützt die dekorative Mulchschicht die Wurzeln der Pflanzen auch vor winterlichem Frost. Nach der zweiten Anbausaison wird der Mulch untergegraben, sofern er sich ausreichend zersetzt hat. Dadurch werden organische Stoffe und Nährstoffe in den Boden eingebracht.

Zögern Sie nicht, Blumen zwischen in Töpfen wachsende ausdauernde Gemüse und Kräuter zu setzen. Bitte berücksichtigen:

Die Balkonvariante

Man kann praktisch alle Gemüse auch in Kübeln ziehen. Selbst wir mit Garten setzen einige ausdauernde Sorten in Terrakotta-Töpfe, um sie in unmittelbarer Reichweite für Hand und Auge aufzustellen und ... besonders frisch vernaschen zu können. Der Anbau in Töpfen gibt uns auch die Möglichkeit, das Gedeihen von Gemüse und Früchten zu beobachten, die im Freiland nicht wachsen würden. Da sich der Pflanztopf im Frühling rascher erwärmt, haben manche Sorten etliche Wochen Vorsprung.

Man braucht nur große Gefäße, die mit gutem Substrat aus 50 % Gartenerde und 50 % Komposterde auf einer Schicht von Tonkieseln zur besseren Entwässerung gefüllt werden. Je größer die Kübel sind, desto besser ist das für das Gemüse, weil die Pflanzen weniger Stress erleiden und damit widerstandsfähiger gegen Parasiten und Erkrankungen sind.

**Kräuter und Salat benötigen Pflanztöpfe von 20 cm Tiefe.
Andere Gemüse brauchen Pflanzgefäße mit einer Mindesttiefe von 40 cm.**

Vorsicht mit dem Balkon: Vergewissern Sie sich, dass er das Gewicht der Töpfe, Blumenkübel oder Pflanzsäcke trägt. Als Grundregel für Neubauten gilt, dass die Konstruktion auf eine Last von 350 kg/m² ausgelegt ist. Halbieren Sie diese Zahl für Bauten aus der Zeit vor 1970.

Sie können zwischen Kunststoff- und Terrakotta-Töpfen wählen. Die ersten sind leichter, haben aber einige Nachteile, beispielsweise die Überhitzung der Pflanzen im Sommer, das Auskühlen im Winter, und sie sind nicht ökologisch. Terrakotta ist ökologischer, aber auch viel schwerer.

Der günstigste Standort liegt auf der Süd-, Südost- oder Südwestseite. Weniger anspruchsvolle Pflanzen, wie Salat oder Spinat, begnügen sich mit vier Sonnenstunden pro Tag, Tomaten hätten gerne acht.

Man muss besonders auf die Bewässerung Acht geben. Die Gemüse in Topfkultur sind vollständig darauf angewiesen, dass sich jemand um sie kümmert. Sollten Sie längere Zeit nicht zu Hause sein, planen Sie eine automatische Bewässerung ein.

Der Nutzen von Topfpflanzen ist, dass man sie direkt vor der Küche hinstellen kann!

Blattgemüse

Acker-Lauch

Volkstümlicher Name: Sommer-Lauch, Acker-Knoblauch, Sommerknoblauch. Botanischer Name: *Allium ampeloprasum* var. *porrum*. Familie: Alliaceae.

Acker- oder Sommerlauch ist eine alte Gemüseart, die unsere Ahnen schon seit Jahrhunderten kannten. Er ist der Vater des heutigen Porrees (Lauch), geriet aber in Vergessenheit. Die Pflanze kann mehr als 90 cm hoch werden und bis zu zwei 2 cm dick. Im Gemüsegarten sollte man ihr Platz lassen, weil sie das Fünf- bis Sechsfache ihrer ursprünglichen Breite erreichen kann. Sommer-Lauch gedeiht auch im Blumentopf oder in einem Pflanzsack auf der Terrasse, was die Ernte ungemein erleichtert. Er ist reich an Kalium und Eisen, und bekannt als Ausputzer des Verdauungssystems.

Anbau

Pflanzung: Sommerlauch ist einfach anzubauen, pflanzen Sie ihn im September. Ich selbst habe vor vielen Jahren mit einigen Zehen angefangen, die ich seinerzeit in einer Samenhandlung gefunden hatte, die noch Pflanzenschätze führte.
Standort: Zweifellos eine Sonnenpflanze. Wie alle Alliaceae sollte man den Acker-Lauch an einen sonnigen Platz setzen, um die Entstehung pathogener, das Wachstum bremsender Pilze zu verhindern.
Winterhärte: Eine Staude, winterhart und ausdauernd, was will man mehr? Selbst im bittersten Winter muss man sich um diesen Lauch keine Sorgen machen, sofern der Standort gut entwässert. Sicherlich wurde die Pflanze aus diesem Grunde bei den Pflanzentagen von Courson im Oktober 2010 ausgezeichnet.
Pflege: Praktisch nichts zu tun, lediglich die Wurzel alle 2 bis 3 Jahre teilen. Es bleibt Ihnen also viel Zeit zum Kochen.
Schädlinge: Wesentlich widerstandsfähiger gegen Miniermotten als der klassische Porree, Sie können also in den meisten Fällen ruhig bleiben. Er widersteht auch der Lauchfliege besser als seine Nachkommen.
Vermehrung: Das ist ein Kinderspiel, selbst für Gartenneulinge. Warten Sie im Sommer darauf, dass die Blätter langsam verschwinden. Dann holen Sie den Spaten, um die neuen Sprösslinge des Sommer-Lauchs auszugraben. Sie werden nicht enttäuscht, denn diese warten bereits. Erst nach zwei bis drei Jahren müssen Sie das wiederholen. Während der Wartezeit verspeisen Sie die regelmäßig geschnittene Blatternte.
Ernte: Geerntet wird mehrmals zwischen September und Mai. Je mehr man schneidet, desto mehr wächst nach.

Verwendung

Was wird geerntet: Bei diesem Lauch werden die Blätter geschnitten, daher kann man das Grün mehrfach in der Saison zwischen September und Mai ernten.
Zubereitung: Dieser Lauch ist etwas kleiner als sein einjähriger Cousin, wird aber mehr geschätzt, weil er zarter und schöner ist. Man verzehrt ihn in Gemüsesuppen, als Lauchtarte, Quiche und im Eintopf.

Gut zu wissen

Im Mittelalter als Bestandteil des Gemüseeintopfs „porée“ aus grünem Blattgemüse, Zwiebeln und Brot viel konsumiert, hat der Acker-Lauch auch heute noch einen Platz in der Alltagsküche, in Suppen und Saucen. Er schmeckt auch wunderbar im traditionellen Pot-au-feu.

Kleine Tipps

- Um die Lauchfliege zu täuschen, sollte man einige weiße Styropor-Teile an kleinen Pflöcken befestigen, und das Problem ist gelöst.
- Wenn der Acker-Lauch Blüten treibt, dann schneidet man den Stängel ab, um die Kräfte der Zwiebel zu sparen, es sei denn, man möchte Samen ziehen.
- Ernten Sie im ersten Anbaujahr nichts vom Acker-Lauch. Geben Sie der Pflanze Zeit, sich zu etablieren. Ernten Sie langsam ab dem zweiten Jahr.

Ägyptische Zwiebel

Volkstümlicher Name: Etagenzwiebel, Luftzwiebel, Ausdauernde Zwiebel.
Botanischer Name: *Allium cepa* var. *viviparum* (auch *Allium cepa* var. *proliferum*).
Familie: Alliaceae.

Die Etagenzwiebel ist sicherlich die lustigste und originellste Sorte der rundköpfigen Zwiebeln. Bei der Ernte reißt man nicht die Pflanze aus, sondern pflückt die Luftzwiebeln oben vom Stängel. Die Art ist sehr winterhart und kann bis zu sechs Jahre am selben Standort bleiben. Daher wird sie umgangssprachlich auch Ausdauernde Zwiebel genannt. Sie kommt ursprünglich aus Südeuropa und Ägypten und ähnelt etwas dem Schnittlauch, hat aber Triebe bis zu 90 cm Länge. Sie toleriert Trockenheit und ist leicht anzubauen, die Nachbarschaft mit Erbsen und Bohnen verträgt sie aber nicht. Die Brutzwiebeln werden wie Schalotten gegessen und schmecken ähnlich, das Grün verwendet man zum Würzen wie Schnittlauch. Die Etagenzwiebel gehört zur großen Familie der Alliaceae und wie der Knoblauch soll auch sie viele gesundheitsfördernde Eigenschaften besitzen.

Anbau

Pflanzung: Im Frühling in leichten, humusreichen und wasserdurchlässigen Boden setzen. Etliche Jahre am Standort lassen, damit sich ein kräftiger Horst entwickeln kann.
Standort: Volle Sonne, das ist absolut notwendig, um Pilzbefall vorzubeugen. Sie lässt sich gleichermaßen gut auf dem Balkon wie im Garten oder in einem Quadratbeet anbauen.
Winterhärte: Keinerlei Problem, die Pflanze verträgt Winterkälte ohne irgendwelche Schutzmaßnahmen. Feuchte Böden sind jedoch zu meiden, weil das der Wurzelentwicklung schaden könnte.
Pflege: Ernten Sie die Luftzwiebeln den ganzen Sommer hindurch, schneiden Sie dann die Triebe, um der Pflanze wieder Form zu geben. Das fördert auch die Bildung neuer Triebe und man kann weiter für Salate und kalte Speisen ernten.
Schädlinge: Keine besonderen Probleme, sofern die Pflanze vollsonnig steht und man sie im Frühling nicht von oben gießt. Mulchen Sie um die Horste mit Hülsen von Buchweizen, das hält Schnecken fern.
Vermehrung: Man muss nur einige der reichlich vorhandenen Luftzwiebeln einpflanzen. Wenn sich die Pflanze von selbst vermehrt, dann neigen sich die Stängel bis zum Boden und die Luftzwiebeln bilden neue Wurzeln aus.
Ernte: Die Luftzwiebeln werden im Juli und August geerntet, die Stängel verwendet man in der Art von Frühlingszwiebeln im September und Oktober.

Verwendung

Was wird geerntet: Die Luftzwiebeln, man schält sie und legt sie zusammen mit Gürkchen ein.
Zubereitung: Klein gehackt und mit Fleisch gekocht oder in Olivenöl angeschwitzt, entfalten sie eine besondere Würze.

Gut zu wissen

Diese schon seit Jahrzehnten bekannte Pflanze ist die Cousine und Ahnin unserer heutigen Küchenzwiebeln. Sie ist ebenso dekorativ wie küchentauglich und findet in kleinen wie großen Gemüsegärten ihren Platz. Ihre Zwiebelfrüchte halten sich sehr lange. Im Jahr 2000 erhielt sie anlässlich der Pflanzentage in Courson eine Auszeichnung für Nützlichkeit.

Kleine Tipps

Pflanzen Sie in unmittelbarer Nähe Ihrer Zwiebeln einen Duftlavendel, um die parasitische Zwiebelfliege fernzuhalten.

Berg-Lauch

Volkstümlicher Name: Jakobus-Lauch, Ausdauernde Schalotte.
Botanischer Name: *Allium lusitanicum*. Familie: Alliaceae.

Der ausdauernde wilde Berg-Lauch ist ein sehr altes Gemüse und in Frankreich kennt man ihn auch unter dem Namen Jakobus-Lauch. Als Gewürzpflanze, deren Grün man ganzjährig bei Bedarf erntet, findet er vom kleinsten Balkon bis zum herrschaftlichsten Garten seinen Platz. Ihn nicht anzubauen, wäre ein Kardinalfehler. Man verwendet ihn zu Omelette, Salaten, für Suppen und Gemüseeintopf. Die Blätter sind reich an Vitamin C und B sowie Mineralien.

Anbau

Berg-Lauch anzubauen ist sehr einfach, man muss ihn während der heißen Jahreszeit lediglich gießen und Unkraut jäten.
Pflanzung: Kann ganzjährig erfolgen, bevorzugt sollte man aber zwischen März und Mitte Juni pflanzen. In diesem Zeitraum wächst er gut und das ist günstig für die weitere Entwicklung der Pflanze. Der Berg-Lauch liebt lockere, wasserdurchlässige Böden mit viel Humus.
Standort: Volle Sonne, das ist absolut notwendig, um Pilzbefall vorzubeugen.
Winterhärte: Es gibt keine Probleme hinsichtlich der Winterhärte, auch wenn bei starkem Frost zeitweise seine Wüchsigkeit gedämpft wird. Seine Wurzel ist sehr produktiv und man teilt sie für den Fortbestand alle zwei Jahre.
Pflege: Jäten, gießen und ernten, mehr muss man nicht tun, vorausgesetzt, alles läuft gut.
Schädlinge: In den langen Jahren, über die ich diesen Berg-Lauch schon anbaue, brauchte ich niemals irgendein Mittel gegen Schädlinge.
Vermehrung: Nichts einfacher als das. In einem ordentlichen Gemüsegarten kann man die Wurzel jedes Jahr teilen, aber man kann damit auch länger warten. Schon zwei oder drei Stängel können in der Saison einen üppigen Horst ausbilden.
Ernte: Ganzjährig, sogar im Winter kann man Blätter abschneiden.

Verwendung

Was wird geerntet: Die Blätter. Dieses kleine Wunder hat einen etwas stärkeren Zwiebelgeschmack als Schnittlauch und lässt sich das ganze Jahr hindurch ernten. Die Pflanze blüht nicht und entwickelt auch keine Samen.
Zubereitung: Reich an Vitamin C, ist der Berg-Lauch ganzjährig eine Würze für viele Gerichte wie Omelette, Suppen, Kartoffelsalat und kalte Speisen.

Gut zu wissen

Keine der im Handel erhältlichen Lauchzwiebeln kommt an diese alte Sorte heran. Aus diesem Grund haben wohl schon die ersten Pilger auf dem Jakobsweg, und ebenso die frühen Seefahrer, sie regelmäßig gegen Skorbut verzehrt.

Kleine Tipps

Seit langem verwende ich Berg-Lauch. Ich stelle immer einen Topf damit auf die Terrasse, und wenn der „normale“ Lauch aufgebraucht ist, ersetzt er ihn in der Suppe. Man kann den frischen Berg-Lauch etwa 2–3 Tage lang im Kühlschrank aufbewahren, wenn man ihn in ein saugfähiges Papier oder feuchtes Geschirrtuch einschlägt. Ganz leicht lassen sich aber auch kleine Eiswürfel herstellen, indem man das Grün fein hackt und in einem Eiswürfelbereiter mit Wasser aufgefüllt tiefgefriert. Eine gute Idee zur Portionierung des Gewürzes zur ganzjährigen Verwendung in den Speisen.

Berg-Sauerampfer

Volkstümlicher Name: Berg-Sauerampfer, Gebirgs-Sauerampfer. Botanischer Name: *Rumex arifolius*. Familie: Polygonaceae.

Unter den Gärtnern gilt dieser Ampfer als einer der besten. Sein Aroma ist nicht so säuerlich wie das des gewöhnlichen Sauerampfers. Die Pflanze wächst üppig, ist sehr winterhart und entwickelt keine Samen, weshalb sie in Frankreich den Beinamen „jungfräulich“ trägt. Seine waffelähnlichen Blätter sind originell und werden wie Blattspinat zubereitet. Berg-Sauerampfer ist die größte Ampferart, reich an Vitaminen und Spurenelementen. Und seine Bekömmlichkeit ist unvergleichlich.

Anbau

Pflanzung: Im Herbst oder im Frühling, Wurzelstückchen mit feinen Wurzeln im Abstand von 30 cm. Das Anwurzeln ist gewöhnlich problemlos und die Pflanze wächst rasch. Die kultivierte Art zeigt sich im Vergleich zur wild wachsenden kaum verändert. Man baut auf gleiche Weise auch *Rumex montanum* 'Rubrifolia' mit leuchtend roten Blättern an, *Rumex scutatus* (Römischer Ampfer) mit kleinen lanzettförmigen Blättern und *Rumex sanguineus* (Blut-Ampfer) mit hübschen rötlichen Blättern. Alle haben ein säuerliches Aroma.
Standort: Bevorzugt im Halbschatten, doch Ampfer gedeiht auch in der Sonne, sofern er in Trockenphasen etwas gegossen wird.
Winterhärte: Diese Pflanze ist sehr winterhart. Auch wenn sich die Blättchen im strengen Winter etwas rarmachen, kommen sie bei schönem Wetter rasch wieder. Man kann eine Kultur problemlos 3 bis 4 Jahre am Standort belassen.
Pflege: Bei Hitze gießen, regelmäßig harken, um Unkraut zu bekämpfen. Blüten abschneiden, weil sie der Pflanze die Kraft rauben und diese dann nicht besonders schön aussieht.
Schädlinge: Nackt- und Weinbergschnecken stören eher das Auge als diese Pflanze. Man muss nur Asche oder zerbrochene Eierschalen um die Stauden verteilen.

Vermehrung: Nur die einjährigen Ampferarten vermehren sich durch Samen. Die uns interessierenden Stauden vermehrt man durch Teilen der Wurzel nach mehreren Jahren in Kultur während der Ruhephase zwischen November und März.
Ernte: Das ganze Jahr hindurch nach Bedarf, selbst im Winter gibt es kleinere Blätter.

Verwendung

Was wird geerntet: Blätter, jeweils nach Bedarf pflücken.
Zubereitung: Die Blätter verwendet man zum Garnieren von Omelette, als Suppenwürze oder für Saucen zu allen Fischgerichten. Ganz junge, zarte Blätter mischt man unter Pflück-Salat. Und vergessen Sie nicht den Lachs mit Sauerampfer!

Oben: *Rumex arifolius.*
Unten: *Rumex acetosella 'Red Stripe' (Kleiner Sauerampfer).*

Gut zu wissen

Die verschiedenen Ampferarten sind nicht nur ein Muss für die Küche, sondern auch im Garten ein interessanter und dekorativer Schmuck für natürliche Beeteinfassungen.

Kleine Tipps

Einige Blättchen gekochten Sauerampfers machen Lachs, aber auch andere Fische, zusammen mit einigen in Butter gedünsteten Schalotten und einem Klecks Crème fraîche in wenigen Minuten zum Gaumenschmaus.

Englischer Spinat

Volkstümlicher Name: Englischer Spinat, Garten-Ampfer.
Botanischer Name: *Rumex patientia*. Familie: Polygonaceae.

Ampfer gilt als Gewürzpflanze mit leicht säuerlichem Aroma, das die Speisen pikanter macht. Als Gemüse ist er ideal für Diäten, weil sein Brennwert nur bei 24 kcal/100 g liegt. Außer als Spender der Vitamine C und E kennt man ihn seit dem Altertum als Heilpflanze. Er ist gut für Leber, Magen und Gefäßsystem.

Anbau

Pflanzung: Wie alle Ampfer-Arten liebt der Englische Spinat leicht saure, tiefe Böden, die reich an Humus und Stickstoff sind. Die Staude kann bis zu 1,5 Meter hoch werden. Im Winter setzt man sie mit 50 cm Pflanzabstand. Man kann sie im April auch reihenweise direkt ins Freiland säen. Dazu legt man alle 50 cm ein Saatloch für vier bis fünf Samen an.
Standort: Sonnig, doch auch ein Stelle im Halbschatten eignet sich.
Winterhärte: Englischer Spinat ist eine sehr winterharte Staude. Auch wenn nach starkem Frost die Blätter matschig werden, die neuen erscheinen gleich mit den ersten schönen Tagen.
Pflege: Schneiden Sie die Blätter regelmäßig ab, kompostieren Sie die harten oder beschädigten Blätter, damit die Pflanze ständig neue, zarte Blätter treibt. Mit der gewundenen Wurzel trotzt der Ampfer jeglichen Witterungsverhältnissen, doch regelmäßiges Gießen bei Trockenheit verbessert die Qualität der Blätter. Mulchen Sie den Boden mit Flachsstroh oder Buchweizenhülsen, um ihn kühl und die Nacktschnecken fern zu halten.
Schädlinge: Einige Blattläuse, die man durch Abschneiden der Blätter einfach bekämpfen kann.
Vermehrung: Der Ampfer vermehrt sich gut durch Aussaat im Frühling, man kann die Stauden aber auch alle 2 bis 3 Jahre teilen. Man pflanzt die Teile in 20 cm Abstand wieder aus.
Ernte: Von März bis in den Herbst hinein gründlich abschneiden, dadurch treibt die Staude immer wieder nach.

Verwendung

Was wird geerntet: Blätter, vom Winterende durch die schöne Jahreszeit hindurch bis in den Herbst.
Zubereitung: Diesen milden Garten-Ampfer bereitet man wie Spinat oder in Suppen zu, er eignet sich als Beilage zu Fleisch und Fisch, besonders Lachs. Als Püree peppt er alle faden Gemüse auf.

Gut zu wissen

Wenn es einen winterharten, leicht zu kultivierenden Ampfer gibt, dann ist es dieser. Er liebt humusreiche Böden und belohnt Sie mit langen grünen Blättern zum Verzehr über einen langen Zeitraum. Sie können mit dieser Pflanze nichts falsch machen.

Kleine Tipps

- Schneiden Sie die Blüten hin und wieder ab, dann werden die Blätter schöner und zarter. Verteilen Sie um die Stauden zerstampfte Eierschalen oder Buchweizen-Grün, um die Nacktschnecken fernzuhalten.
- Die Pflanze lässt sich leicht im Topf oder im Quadratbeet kultivieren.
- Waschen Sie den Englischen Spinat erst kurz vor dem Verzehr unter fließendem Wasser, nicht einweichen lassen.
- Um die Säure zu mildern, gibt man einen nussgroßen Klecks Sahne zu.
- Bei reichem Ertrag können Sie den Englischen Spinat auch einfrieren.

Gewöhnlicher Beinwell

Volkstümlicher Name: Arznei-Beinwell.
Botanischer Name: *Symphytum officinale*. Familie: Borraginaceae.

Der Gewöhnliche Beinwell ist eine winterharte Staude, die man früher wegen ihrer zahlreichen Heilwirkungen anbaute. Besonders die Blätter des Beinwells lindern Schmerzen bedingt durch Arthrose und Krämpfe, weil sie die Muskeln entspannen. Beinwell-Kompressen helfen dem Gärtner bei blauen Flecken, doch in erster Linie nutzt er sie zur Herstellung von Jauchen, die die Kompostierung aktivieren oder den Wuchs anregen, und wegen ihres Nektarreichtums, durch den Bestäuber in den Gemüsegarten gelockt werden.

Anbau

Pflanzung: Beinwell bevorzugt tiefe, frische Böden. Für ein Beet pflanzen Sie zwischen Herbst und Frühling kleine Containerstauden im Abstand von 60 cm. Später können Sie die Wurzeln teilen und jeweils 2 bis 3 Wurzelstücke 15 cm tief und mit 60 cm Abstand einpflanzen.
Standort: Bevorzugt im Halbschatten, in einem dauerfeuchten, tiefen und humusreichen Boden.
Winterhärte: Die Winterhärte dieser Staude ist beispiellos, ein Kälteschutz also unnötig.
Pflege: Nach dem Auspflanzen ist nur wenig zu tun, Unkraut jäten, Blüten abschneiden und die Blätter während der Vegetationsphase ernten.
Schädlinge: Schnecken und Nacktschnecken, was aber unproblematisch bleibt, sofern man die Blätter regelmäßig abschneidet.
Vermehrung: Teilung der Wurzelstöcke, dabei schneidet man die Wurzeln in Abschnitte von 10 bis 15 cm Länge und setzt sie zwischen Herbst und Frühling wieder im Freiland.
Ernte: Die Blätter werden während der gesamten schönen Jahreszeit geerntet. Die Wurzel zur Neupflanzung gräbt man zwischen November und März aus.

Verwendung

Was wird geerntet: Mancher verwendet die Pflanze in der Küche, aber sie wird eher wegen ihres Nutzens als pflanzlicher Dünger angebaut: zur Nährstoffversorgung der Gemüsepflanzen in Form von Jauche und durch direkte Verwendung der Blätter.
Zubereitung: Stellen Sie eine Jauche her, indem sie die Blätter klein schneiden und mazerieren. Man braucht ein Kilogramm frische Pflanzenteile auf 10 Liter Wasser und lässt das ganze 3 Wochen stehen. Diese kaliumhaltige Jauche ist günstig für alle zehrenden Gemüsearten, vor allem Tomaten und Kartoffeln.

Gut zu wissen

Diese Pflanze ist in verschiedenen interessanten Sorten erhältlich: 'Azurea' mit großen himmelblauen Blüten, 'Goldschmidt' mit panaschierten Blättern, 'De Russie' und viele weitere.

Kleine Tipps

Beim Setzen der Tomaten geben Sie einige in Stücke geschnittene Beinwellblätter unten in das Pflanzloch als Kaliumdüngung für gutes Pflanzenwachstum.

Guter Heinrich

Volkstümlicher Name: Wilder Mehlspinat.
Botanischer Name: *Chenopodium bonus-henricus*. Familie: Chenopodiaceae.

Dieser ausdauernde Spinat trägt seinen volkstümlichen Namen Guter Heinrich nach einer althochdeutschen Bezeichnung gut heinrich, wobei heinrich für Pflanzen steht, die wild in der Nähe von Siedlungen wuchsen. Dieser Spinat soll Wurmbefall abwehren und wurde Guter Heinrich genannt, im Gegensatz zu einem anderen Wildkraut, das wir in vielen Gemüsegärten finden und unter dem Beinamen Schlimmer Heinrich oder Ausdauerndes Bingelkraut kennen. Guter Heinrich wird wegen seiner abführenden Wirkung geschätzt.

Anbau

Pflanzung: Man setzt ihn im April/Mai für eine 5 bis 7 Monate spätere Ernte. Er liebt fette Böden.
Standort: In Berglandschaften, wo er heute noch immer wild wächst, steht er überwiegend im Halbschatten, doch er hat auch in Sonnenlagen keine Schwierigkeiten.
Winterhärte: Er besitzt die Eigenschaften alpiner Pflanzen und wächst bis in 1200 Meter Höhe, man muss ihn also nicht abdecken, sondern lässt ihn einfach in Ruhe. Seine Wurzel sollten nach vier bis fünf Jahren geteilt werden.
Pflege: Für eine ununterbrochene Ernte empfiehlt sich mäßiges Gießen während der heißen Monate, von Zeit zu Zeit entfernt man lederige Blätter und einige Blüten und man harkt den Boden, um Unkraut zu entfernen. Mehr muss man für den Guten Heinrich nicht tun.
Schädlinge: Sein größter Fressfeind ist der Gärtner, der die schönen, grünen und vitaminreichen Blätter verspeist. Allerdings muss man im Frühling mit Nacktschnecken rechnen. Wir halten sie dadurch fern, dass wir große Rindenplacken um die Pflanze verteilen.
Vermehrung: Hat der Gute Heinrich einen Platz im Beet, dann bleibt er lange Zeit. Möchten Sie aber mehr, ernten Sie die reifen Samen im Sommer. Ziehen Sie diese im nächsten Frühling und pflanzen Sie die Sämlinge am geplanten Standort aus. Nichts hindert Sie jedoch daran, einfach die Wurzel nach einigen Anbaujahren zu teilen.
Ernte: Man erntet die Blätter während der gesamten schönen Jahreszeit, also von März bis Oktober.

Verwendung

Was wird geerntet: Die jungen, zarten Blätter, je nach Bedarf.
Zubereitung: Unter Salate gemischt, sind die rohen Blätter ein Genuss. Die kräftigen Blätter lassen sich wie Spinat zubereiten. Man kann auch die jungen Blütentriebe wie Spargel verzehren. Sollten Ihnen die natürlichen Bitterstoffe des Gemüses nicht zusagen, neutralisieren Sie diese durch die Zugabe einer kleinen Menge Zucker.

Gut zu wissen

Roh und gegart gleichermaßen lecker, sollte dieser ausdauernde Spinat seinen Platz im Gemüsebeet wiederfinden. Aus diesem Grund erhielt er im Mai 2009 anlässlich der berühmten Pflanzentage von Courson eine Auszeichnung.

Kleine Tipps

Diese Pflanze eignet sich besonders als natürliche Rabatte, was die Ernte erleichtert. Vergessen Sie nicht, täglich einige Exemplare zu kappen, damit Sie ganz zarte Blätter für Salate erhalten.

Kardy

Volkstümlicher Name: Wilde Artischocke.
Botanischer Name: *Cynara cardunculus*. Familie: Asteraceae.

Als Cousine und Vorfahr der Artischocke ist diese große, alte Gemüsepflanze bei unseren Nachbarn und Freunden in der Schweiz sowie im Osten Frankreichs nie aus der Mode gekommen. Mit ihren blauvioletten Blüten und den riesigen, silbergrauen Blättern hat sie sowohl im Gemüsegarten wie auch im Ziergarten ihren Platz. Sie ist reich an Vitamin B, C und Kalium. Das kalorienarme Gemüse ist gut für die Verdauung, weil es einen klebrigen, aufquellenden Saft enthält, der reich an Inulin ist. Dieser Zucker wird gut aufgenommen und eignet sich auch bei Diäten.

Anbau

Pflanzung: Pflanzen Sie im März/April nach dem Frost im Abstand von 80 cm in einen sehr humusreichen Boden.
Standort: sonnig.
Winterhärte: Wie die Artischocke; obgleich etwas robuster, braucht sie bei Temperaturen unter –8 °C einen Schutz aus Stroh oder eine ordentliche, dicke Lage aus trockenem Laub. Sie kann über 5 Jahre am Standort verbleiben.
Pflege: Im Grunde muss man die Blätter im Herbst nur 14 Tage lang zusammenbinden, damit sie bleichen. Danach wird geerntet, indem man sie direkt über dem Boden abschneidet.
Schädlinge: Es sind weder Schädlingsbefall noch besondere Pflanzenkrankheiten zu vermerken.
Vermehrung: Die Kardy wird durch Samen vermehrt. Im Frühling sät man vier bis fünf Samen in kleine Töpfe von 8–10 cm Durchmesser mit wasserdurchlässiger Pflanzerde. Man behält nur die kräftigsten Pflänzchen und pflanzt sie aus, sobald sie stark genug sind.
Ernte: Ab Ende September schneidet man die Blätter ab, nachdem man sie vorher 14 Tage lang gebleicht hat. Die Ernte ist reichlich.

Verwendung

Was wird geerntet: Nur die oberirdischen Teile der Kardy sind essbar. Wie die Artischocken müssen sie gebleicht werden, damit die Bitterstoffe verschwinden und sie zarter werden. Man schneidet sie in Stücke und zieht ähnlich wie bei Rhabarber die äußere Haut ab. Die Korbblüten, die wie eine kleine Artischocke aussehen, können ebenfalls gegessen werden, solange sie jung sind.
Zubereitung: Kardy wird in kochendem Wasser mit einem Schuss Zitrone gegart und mit einer Sauce zubereitet.

Kleine Tipps

Wählen Sie die „unbewaffneten" Sorten, also ohne Stacheln aus. Sie sind leichter anzubauen und zuzubereiten.

Gut zu wissen

Das Gemüse hat einen angenehmen Geschmack, ist vitaminreich und kalorienarm. Man findet es auch in Stadtgärten als Zierpflanze.

Mertensie

Volkstümlicher Name: Austernpflanze, Blauglöckchen. Botanischer Name: *Mertensia maritima*. Familie: Borraginaceae.

Die Austernpflanze gehört zu einer botanischen Gruppe, in der alle Pflanzen mehr oder weniger ausgeprägt nach Jod schmeckende Blätter besitzen. Diese Pflanze hat den stärksten Geschmack. Man kann sie wie den Queller in Essig einlegen. Besonders gut passt die Austernpflanze zu Fischgerichten. Die kleinen Blättchen mit einer nach Austern schmeckenden, mehligen Schicht beglücken Sie zudem mit kleinen, rosafarbenen Blütenknospen, die sich beim Öffnen blau färben. Die Mertensie gedeiht im Pflanztopf und erweckt dabei Assoziationen an ihren natürlichen Lebensraum, die sandigen Dünen.

Anbau

Pflanzung: Man kann sie während der gesamten schönen Jahreszeit setzen, überwiegend aber von März bis Juni. Nichts ist einfacher als der Anbau dieser pflanzlichen Auster. Im Topf, im Quadratbeet oder direkt im Beet, vorausgesetzt sie hat sandigen, gut wasserdurchlässigen Boden mit viel Kompost.
Standort: Überwiegend im Halbschatten, direkte Sonne ist zu vermeiden.
Winterhärte: Die Staude ist unglaublich winterhart und verträgt Temperaturen bis zu −30 °C. Im Spätherbst verliert sie ihre Blätter. Um sie im Frühling zeitig zum Austrieb zu bringen, sollte man sie mit einer Glasglocke versehen.
Pflege: Sie muss lediglich in der heißen Jahreszeit gegossen werden. Hässliche, gelbe Blätter abschneiden.
Schädlinge: Nackt- oder Weinbergschnecken. Sie lassen sich aber durch das Ausstreuen von zerkleinerten Eierschalen oder Holzasche abhalten.
Vermehrung: Ganz einfach durch Teilung der Pflanze, indem man nach einigen Jahren die Wurzelsprosse trennt. Auch Aussaat ist möglich, wenn man im Sommer die reifen Samen sammelt und im Frühling in einer Anzuchtschale sät. Die Stecklingsvermehrung sollte man Fachleuten überlassen.
Ernte: Während der Vegetationszeit von April bis September.

Verwendung

Was wird geerntet: Die zarten Blätter, die Blüten kann man als Garnierung sammeln.
Zubereitung: Die Blätter, in gemischten Salaten oder auf kleinen Toasthäppchen mit Butter und einer Prise Fleur de Sel, bringen Ihnen einen täuschend echten Hauch des Meeres auf den Teller.

Gut zu wissen

Es ist wirklich eine erstaunliche Pflanze, die auf der Pflanzenschau in Courson im Oktober 2011 ausgezeichnet wurde. Es verwundert daher nicht, dass bekannte Chefköche sie zur großen Freude der Feinschmecker mehr und mehr verwenden.

Kleine Tipps

Besprühen Sie in der heißen Jahreszeit die Blätter einmal wöchentlich, um sie an ihre maritime Herkunft zu erinnern.

Neuseeländer Spinat

Volkstümlicher Name: Neuseelandspinat.
Botanischer Name: *Tetragonia tetragonioides*. Familie: Aizoaceae.

Tetragonia oder Neuseeländer Spinat ist eine krautige Pflanze. Man erntet sie während der schönen Jahreszeit bis zum Frost. Sie hat ein leicht salziges Aroma, das an das Straucheiskraut erinnert. Auf La Réunion schon lange angebaut und geschätzt, wurde die bei den Kreolen „zépinard“ genannte Pflanze unter den Gärtnern des 19. Jahrhunderts ein Renner. Weil es lange dauert, bis sie schießt, macht sie heute dem Spinat zunehmend Konkurrenz. Das Gemüse ist reich an Vitamin C und enthält zudem die wertvollen Vitamine B1, B2 und PP.

Anbau

Pflanzung: Im April Aussaat in kleinen Pflanzlöchern zu je 4 bis 5 Körnern, regelmäßig gießen. Sie können aber auch Jungpflanzen im Topf kaufen und Ende April/Anfang Mai auspflanzen.
Standort: Sonnig, in frischen, humusreichen Boden.
Winterhärte: Diese mehrjährige Staude wird in unseren Breiten einjährig angebaut, geht aber alljährlich aufgrund der Samen erneut auf.
Pflege: Während der Anbauzeit jäten und gießen, damit die Blätter zart bleiben. Man kann auch Mulch ausbringen, was das Gießen reduziert und das Aufkeimen von Unkraut bremst.
Schädlinge: *Tetragonia* kennt weder Schädlinge noch Krankheiten. Nackt- und Weinbergschnecken tun sich manchmal an den jungen Blättern gütlich.
Vermehrung: Durch Aussaat; die Samen können Sie leicht im Spätsommer sammeln. Oft gehen im Gemüsebeet von selbst Pflanzen auf, dann muss man nur einige Pflanzen für den neuerlichen Anbau pikieren.
Ernte: Pflücken Sie die Blätter während des gesamten Sommers bis zum Frost.

Verwendung

Was wird geerntet: Die zarten Blätter, die man unter Salate mischt.
Zubereitung: Man verzehrt das Gemüse auch gegart mit Crème fraîche wie Spinat. Für den Winter kann man das Gemüse leicht tiefgefrieren. Gehackt ist die Pflanze sämiger als Spinat, das spart Sahne.

Kleine Tipps

Vor dem Aussäen sollte man die Samen eine Nacht lang in lauwarmem Wasser einweichen, das regt die Keimfähigkeit an. Lassen Sie die spontane Vermehrung der Pflanzen als natürlicher Bodendecker zu.

Gut zu wissen

Es handelt sich um eine alte Spinatsorte, die wegen ihres unkomplizierten Anbaus und der leichten Ernte mit Schwung in unsere Gärten zurückkehrt.
Die Pflanze ist für heiße Regionen interessant: Wo gewöhnlicher Spinat schnell schießt, wäre *Tetragonia* ein wertvoller Verbündeter im Beet.

Parakresse

**Volkstümlicher Name: Parakresse, in England Toothache Plant („Zahnweh-Pflanze“).
Botanischer Name: *Acmella oleracea* (früher: *Spilanthes oleraceae*). Familie: Asteraceae.**

Schon lange in tropischen Regionen, darunter Madagaskar und La Réunion, angebaut und verzehrt, gedeiht die Parakresse auch sehr gut bei uns. Es handelt sich um eine Gewürzpflanze von 10–15 cm Wuchshöhe, deren Triebe sich über den Boden ausbreiten. Die Blätter und Blüten schmecken pikant und pfefferähnlich, man hat fast das Gefühl, sie würden im Mund brennen und ihn betäuben. Im Madagassischen trägt sie die Bezeichnung *kimalao*, was an das Brennen von scharfer Paprika erinnert. *Malao* bedeutet „was beißt und erhitzt“. In Frankreich ist sie noch ein Geheimtipp, jedoch schon in Gärten zu sehen. Sie hat betäubende, verdauungsfördernde Wirkung und wirkt gegen Vitamin C-Mangelerkrankungen.

Anbau

Pflanzung: Auch wenn man sie ab Mitte Mai aussäen kann, empfiehlt es sich, vorgezogene Topfpflänzchen zu setzen. Dadurch kann man rascher, etwa nach einem Monat, ernten.
Standort: Sonnig, in wasserdurchlässigen Böden, die reich an organischen Stoffen sind. Pflanzkübel oder Quadratbeet sind perfekte Standorte, in denen die Pflanzen sich besonders wohlfühlen.
Winterhärte: Diese Pflanze wird oft einjährig angebaut, versät sich aber von selbst im Garten. Überwinterung auf der Veranda oder im Kaltgewächshaus ist möglich.
Pflege: Nur gießen, das ist alles.
Schädlinge: Keine Schädlinge.
Vermehrung: Wenn Sie die Pflanze selbst vermehren möchten, sammeln Sie die Samen der trockenen Blütenköpfe. Diese trocknet man im Schatten weiter. Säen Sie das Saatgut ab Februar in einen Anzuchtkasten auf der Heizung, pikieren Sie die Sämlinge nach 3 Wochen in Einzeltöpfchen und pflanzen Sie sie Mitte Mai aus.
Ernte: Bei Bedarf, während der gesamten schönen Jahreszeit, sobald die Blätter gut entwickelt sind, und pflücken Sie auch junge Blütenknospen.

Verwendung

Was wird geerntet: Blätter und frische Blütenknospen pflücken, roh für Salate.
Zubereitung: Zu Fleischgerichten; man kann Parakresse mit Olivenöl und Ingwer zu einer Sauce verarbeiten, die jede Geschmacksknospe aufweckt. Sie gehört auch unbedingt in das traditionelle madagassische Eintopfgericht namens „Romazava“.

Die brasilianische Kresse *Spilanthes fusca* ähnelt der Parakresse und wird auf gleiche Weise angebaut und verwendet.

Oben: *Spilanthes fusca*.
Unten: *Acmella oleracea (früher: Spilanthes oleracea)*.

Gut zu wissen

Es gibt eine Sorte mit roten Blättern, die sehr dekorativ ist und auf gleiche Weise verwendet wird.
Im Gemüsebeet ist sie eine gute Nachbarin, die sich mit allen Pflanzen verträgt.

Kleine Tipps

Diese Pflanze können Sie auch zur Zierde in die Blumenbeete setzen, ihr kriechender Wuchs macht sie zu einem guten Bodendecker im Sommer.

Schnitt-Salat und Pflück-Salat

Volkstümlicher Name: Grüner Salat.
Botanischer Name: *Lactuca sativa*. Familie: Asteraceae.

Der Salat für Faulenzer ... Auch wenn die wenigsten dieser Salate mehrjährig sind, verdienen sie einen Platz im Gemüsebeet der ausdauernden Stauden. Sie haben nämlich den immensen Vorteil, dass sie anders als normaler Salat nachwachsen, wenn man sie abschneidet. Daher kann man mehrfach in der Saison für eine gemischte Salatschüssel ernten ...

Anbau

Pflanzung: Aussaat ab Ende Februar unter Glas oder direkt ins Freiland, wenn der Frost vorüber ist. Man zieht eine 2–3 cm tiefe Rille und verteilt darin im Abstand von 8–10 cm die Samenkörner. Mit feiner Erde bedecken und mit dem Rücken des Rechens andrücken, bevor man reichlich mit einer feinen Brause gießt.
Standort: Sonnig, lockerer, humusreicher Boden.
Winterhärte: Grüne Pflück- und Schnitt-Salate verhalten sich wie Einjährige, auch wenn die Mehrzahl sich selbst erneut aussät. Ihre Besonderheit ist, dass sie nach dem Schnitt nachwachsen und damit die Blüte verzögert wird. Die Blüte würde die Ernte verschlechtern.
Pflege: Er ist leicht im Quadratbeet anzubauen, indem man alle 14 Tage aussät. Dadurch kann man kontinuierlich ernten. Regelmäßig gießen.
Schädlinge: Von den Nacktschnecken abgesehen, gibt es in den Salatreihen keine Bedrohung. Mulchen Sie mit einer Schicht Kakaoschalen, um die Eindringlinge abzuwehren.
Vermehrung: Aussaat ist der einzige Weg, um Schnitt-Salat zu vermehren. Man kann regelmäßig nachsäen, um die Ernteperiode zu verlängern.
Ernte: Die Ernte beginnt, wenn sich das Grün ausreichend entwickelt hat. Je nach Temperatur wäre das etwa 45 bis 60 Tage nach der Saat. Man schneidet hier und da nach Bedarf ab, um das Nachwachsen anzuregen. Lassen Sie die Kultur stehen solange die Blätter schön und zart sind. Wenn der Salat nicht mehr gut nachwächst, gehen Sie zur nächsten Aussaat über.

Verwendung

Was wird geerntet: Schneiden Sie die Blätter für gemischte Salate ab, und als Garnitur Ihrer Speisen.
Zubereitung: Es ist wunderbar, wenn man die Zutaten für Salat immer zur Hand hat. Natürliche Frische und Qualität sind unvergleichlich.

Kleine Tipps

Sie können bei der Aussaat verschiedene Sorten einfach mischen. Die unterschiedlichen Farben werden eine weitere Attraktion beim Ernten sein.

Gut zu wissen

Diese Salatsorten sind besonders für Gärtner lukrativ, die wenig Platz und wenig Zeit haben. Ein ordentliches Ergebnis ist gewiss und die Gefahr, dass man die Kultur schon vor der Ernte in voller Blüte erlebt, geht gegen Null.

Stauden-Kohl

Volkstümlicher Name: Strauch-Kohl, Tausendkopf-Kohl.
Botanischer Name: *Brassica oleracea* var. *ramosa*. Familie: Brassicaceae.

Stauden-Kohl gehört zu den am leichtesten zu kultivierenden Kohlsorten. Er ist winterhart, ausdauernd und immergrün ... Man kann ihn bis zu acht Jahren am Standort belassen. Dieser Kohl entwickelt keine Köpfe, sondern wächst in dichten Büscheln und produziert feine Blätter, die man gegart verzehrt. Je mehr man ihn schneidet, desto mehr wächst er. Seine Herkunft ist nicht genau geklärt, doch er ist wohl der Vorfahre des heutigen Brokkoli. Bemerkenswert ist sein hoher Mineraliengehalt bei gleichzeitig geringen kalorischen Werten: Kalzium, Kalium, Eisen, Magnesium sowie eine Menge Spurenelemente.

Anbau

Pflanzung: Bei weniger mildem Klima pflanzen Sie ihn im Frühling, andernfalls schon ab September. Er wächst ausdauernd am selben Standort, sofern man ihn regelmäßig schneidet.
Standort: Reservieren Sie ihm ein Sonnenplätzchen im Gemüsegarten, er lässt sich aber auch auf dem Balkon im Topf anbauen oder in Quadratbeeten.
Winterhärte: In den meisten unserer Landstriche muss man sich keine Gedanken darum machen. In kälteren Regionen genügt Gartenvlies als Schutz.
Pflege: Kürzen Sie neue Triebe hin und wieder ein, damit die Pflanzen buschig werden und um die Bildung zarter Blätter anzuregen.
Schädlinge: Wie jeder Kohl, der etwas auf sich hält, bekommt auch der Stauden-Kohl früher oder später Besuch von hübschen, weißen Schmetterlingen, genannt Kohlweißlinge. Aber keine Panik, man sollte nur darauf achten, die gelegentlich auftretenden Raupen zu entfernen.
Vermehrung: Auch wenn wir seine Blüten selten zu Gesicht bekommen, kann man ihn durch Wurzelausläufer vermehren. Das geschieht im Herbst.
Ernte: Von März bis Oktober oder auch länger, sofern man einen Topf geschützt ins Kaltgewächshaus stellt.

Verwendung

Was wird geerntet: Blätter und Wurzeltriebe erntet man bei Bedarf. Je mehr man ihn schneidet, desto mehr treibt er aus der Wurzel nach. Daher bekam er den Namen Tausendkopf-Kohl. Man kann ihn außer im Sommer das ganze Jahr hindurch verzehren.
Zubereitung: Verwenden Sie die Blätter in Suppen und die Wurzeltriebe wie Spargel gekocht.

Gut zu wissen

Es gibt eine Züchtung mit weiß panaschierten Blättern, die man als Zierde im Garten setzen kann.

Kleine Tipps

Während der Zeit, in der die Schmetterlinge fliegen, breiten Sie ein Insektenvlies darüber, um Raupen fernzuhalten.

Wurzel-gemüse

Amerikanische Erdbirne

Volkstümlicher Name: Amerikanische Erdbirne.
Botanischer Name: *Apios americana*. Familie: Fabaceae.

Die ursprünglich in Nordamerika beheimatete Amerikanische Erdbirne, die man auch „Kartoffelbirne“ oder „essbare Glyzine“ nennt, ist eine wunderbare Kletterpflanze mit roten Blütentrauben. Jede Pflanze kann bis zu 2,5 kg länglicher Wurzelknöllchen hervorbringen. Man kann sie mit anderen dekorativen Kletterpflanzen wie Clematis oder Rosen gemischt pflanzen. Ihre langen Schoten beinhalten essbare Samen mit einem hohen Gehalt an Stärke und Proteinen. Diese Art eignet sich auch für die Permakultur, weil sie den Stickstoff der Luft bindet und ihn an den Boden abgibt.

Anbau

Pflanzung: Man pflanzt diese kräftige, rankende Pflanze, die bis zu 1,2 m hoch werden kann, je nach Region im März oder April mit Pflanzabstand von 50 cm. Zum Vortreiben steckt man die Knollen ab Februar in Töpfe und stellt sie an die Heizung.
Standort: Sonnig, auf gut durchlässigen Böden, auch wenn diese Art die Feuchtigkeit eine Weile verträgt. Das Substrat sollte humusreich sein, damit die Knollen gut wachsen.
Winterhärte: Kein Problem, die Pflanze zieht sich im Winter vollständig ein, ein Kälteschutz ist nicht nötig. Man kann sie sogar zwei Jahre stehen lassen, wodurch man größere Knollen erhält.
Pflege: Stützen und gießen, mehr braucht diese Pflanze nicht.
Schädlinge: Bei der Amerikanischen Erdbirne sind keine Schädlinge bekannt.
Vermehrung: Sobald Sie die Funktion einmal verstanden haben, erkennen Sie, dass die Vermehrung ziemlich einfach ist. Die zahlreichen unterirdischen Wurzelgeflechte, die bis zu einem Meter Länge anwachsen können, dienen der Vermehrung.
Ernte: Ab Ende November bis in den März hinein entnehmen Sie die Zwiebeln. Reißen Sie diese vorsichtig heraus, weil sie sich leicht in der Erde verknäulen. Belassen Sie genügend Knollen für die nächste Ernte im Boden.

Verwendung

Was wird geerntet: Die Knollen, die meist zu vier oder fünf Stück an einer kreisförmig wachsenden Wurzel hängen.
Zubereitung: Sehr proteinreich und mit einer Konsistenz wie Kartoffeln, gibt das Wurzelgemüse ein raffiniertes Aroma bei Fleisch mit Soßen. Man muss es nur waschen, kochen und pellen.

Gut zu wissen

Diese ausdauernde, in Südamerika sehr bekannte und lange genutzte Kulturpflanze hat nicht nur einen kulinarischen Nutzen, sondern schmückt sich mit wunderhübschen violetten Blüten. Schon allein deshalb sollte sie einen Platz im Gemüsegarten haben.

Kleine Tipps

Sollten Sie nur wenig Zeit zum Anbinden haben, stellen Sie eine Rankhilfe aus Beton auf oder spannen Sie ein großmaschiges Netz, die Ranken klammern sich dann von selbst fest.

Echter Pastinak

Volkstümlicher Name: Echter Pastinak, Gemeiner Pastinak, Pastinake, Hammelsmöhre. Botanischer Name: *Pastinaca sativa*. Familie: Apiaceae.

Pastinak ist eine alte, der Möhre ähnliche Gemüse-Kulturpflanze. Seine weiße Wurzel ist deutlich größer und wesentlich nahrhafter. Überwiegend als Tierfutter angebaut, erobert sich dieses Gemüse nun dank berühmter Köche und vieler Kochsendungen energisch einen Platz in unserem Alltag zurück. Pastinak ist eine sehr robuste Pflanze, die auch für Gartenneulinge geeignet ist. Der leicht nussige Geschmack wird Sie sicher verführen, und die Wurzel ist ein Jungbrunnen. Sie ist reich an Mineralstoffen und Kohlenhydraten. Man kann Pastinak lange Zeit lagern, ohne dass er seinen Geschmack oder Nährwert verliert.

Anbau

Pflanzung: Säen Sie Anfang April in Rillen von 2–3 cm Tiefe in humusreichen Boden. Legen Sie die Samen einzeln im Abstand von 10 cm. Mit feiner Erde bedecken und gut andrücken, regelmäßig gießen.
Standort: Sonnig, keine Staunässe.
Winterhärte: Die Pflanze ist ausgesprochen robust und überdauert den Winter ohne Schwierigkeiten.
Pflege: Während der Anbauzeit gießen und Unkraut jäten.
Schädlinge: Keine Schädlinge, und anders als bei der Möhre wird er auch nicht von der Möhrenfliege heimgesucht.
Vermehrung: Zwingend durch Aussaat im Frühling (April), die Ernte erfolgt nach etwa 5 Monaten.
Ernte: Kegelförmige, lange, weiße Wurzel, die man ab Ende des Sommers und den Winter hindurch mit der Grabgabel ausgräbt. In sehr feuchten oder sehr kalten Jahren lagert man die Wurzeln in einer geschützt stehenden Sandkiste. Lassen Sie bei einigen Exemplaren die Samenreifung für die weitere Kultur zu.

Verwendung

Was wird geerntet: Wurzeln. Man reißt die schönsten aus und wäscht sie gründlich.
Zubereitung: Gekocht in der Suppe oder im Gemüseeintopf, Pastinak schmeckt auch wunderbar im gemischten Eintopf (Pot-au-feu) oder als Pürree. Man kann ihn auch roh verwenden: gerieben und angemacht mit Olivenöl und einigen Spritzern Bio-Zitronensaft. In feine Streifen oder wie streichholzdünne Kartoffelstäbchen geschnitten, kann man Pastinak auch sehr schnell frittieren und damit die Kinder beeindrucken. Als Chips getrocknet, wird daraus eine leckere Knabber-Vorspeise, wenn man sie noch mit Paprikapulver bestreut.

Gut zu wissen

Pastinak gab es schon im Mittelalter. Aufgrund des simplen Anbaus verdient er es, wieder zu unserer tagtäglichen Ernährung beizutragen.

Kleine Tipps

In Stücke geschnitten und blanchiert, lässt sich Pastinak mehrere Monate tiefgekühlt aufbewahren.

Elefanten-Knoblauch

Volkstümlicher Name: Riesenknoblauch, Elefanten-Knoblauch.
Botanischer Name: *Allium ampeloprasum* var. *ampeloprasum*. Familie Alliaceae.

Der Elefanten-Knoblauch, optisch halb Knoblauch und halb Lauch, bringt eine riesige Knolle von bis zu 12 cm im Durchmesser hervor. Diese bildet 4 bis 6 Zehen aus, wovon jede etwa die Größe einer normalen Knoblauchknolle erreicht. Ursprünglich in Osteuropa und Zentralasien heimisch, wird die Art heute in Nordamerika reichlich angebaut. Der Geschmack ist milder als der von Knoblauch und damit für manche Menschen besser verträglich als roher Knoblauch in Salaten. Im Sommer bildet sich ein Schaft mit Blüte, der bis zu 1,5 m aufragt. Die hübschen, kleinen, rosafarbenen Blüten bilden eine schöne Kugel aus. Auch wenn der Elefantenknoblauch reich an Vitamin A, C und E ist, fehlen ihm die Eigenschaften des gewöhnlichen Knoblauchs – eben weil er kein „echter“ Knoblauch ist.

Anbau

Pflanzung: Stecken Sie ab Ende Februar je eine schöne Zehe im Abstand von 30 cm in Reihen mit 50 cm Abstand.
Standort: Sonnig, auf gut durchlässigen Böden, die reich an reifem Kompost sind.
Winterhärte: Sehr winterhart, überdauert der Elefanten-Knoblauch mehrere Jahre ungestört ohne winterlichen Schutz an seinem Standort. Nur darf der Boden nicht zu feucht sein. Er bildet Büschel von 8 bis 10 Stängeln, die wie Porree aussehen.
Pflege: Bedecken Sie den Boden mit einer 5 cm dicken Lage aus Hanfstroh oder Buchweizenhülsen, um ihn im Sommer frisch zu halten und Unkraut zu vermeiden. Schneiden Sie aufkommende Blütentriebe ab.
Schädlinge: Von Nagern abgesehen, kennt er weder Schädlinge noch Krankheiten. Selbst die Fliege, die sonst die gerne Gattung *Allium* heimsucht, traut sich nicht daran.
Vermehrung: Im zweiten Anbaujahr teilen sich an der Pflanzenbasis 5 bis 6 große Zehen ab, unterhalb produziert sie eine Vielzahl kleiner Brutzwiebeln, die man abnehmen und zur Vermehrung stecken kann. Manchmal passiert es auch, dass sich manche Knollen nur im Folgejahr teilen. Kein Grund zur Beunruhigung: Lassen Sie die Zehen 14 Tage trocknen und pflanzen Sie dann wieder aus.
Ernte: Wenn die Blätter vergangen sind, meistens im Laufe des Monats August, zieht man die Knollen aus der Erde und lässt sie im Schatten trocknen. Dann teilt man die Zehen ab und sortiert davon einige für die Neupflanzung aus. Aufgrund der Knollen wächst die Pflanze 3 bis 5 Jahre an einem Platz und man kann ihre Blätter jeweils von März bis Juni ernten.

Verwendung

Was wird geerntet: Die Knollen, die man nach dem Trocknen in Zehen zerteilt, und im Frühling die Blätter.
Zubereitung: Die Zehen, die etwas milder als gewöhnlicher Knoblauch schmecken, werden roh in Salaten und Salatsaucen verwendet, oder man kocht sie in Fleischgerichten oder Eintöpfen. Im Frühling verwendet man die Blätter wie Porree, geschmacklich nähern sie sich dem Knoblauch.

Gut zu wissen

Diese sehr interessante Pflanze wurde früher im Französischen „Porail“ genannt, das ist ein aus Porree und Knoblauch zusammengezogenes Wort. Ihr Pluspunkt ist die Unempfindlichkeit gegenüber Miniermotten.

Kleine Tipps

Um Pfirsichbäume gesetzt, verringert sich die Gefahr der Kräuselkrankheit. Lassen Sie die Pflanzen einige Jahre ungestört an ihrem Standort und ernten Sie nur einige Stangen für die Suppe, wie bei Porree. Die Blätter kann man wunderbar einfrieren.

Erdmandel

Volkstümlicher Name: Erdmandel, Chufa.
Botanischer Name: *Cyperus esculentus*. Familie: Cyperaceae.

Die Erdmandel ist eine sehr alte Nutzpflanze, deren Knollen man verzehrt. Sie ersetzt in gemahlenem Zustand auch wunderbar das feine Mandelmehl. Ihr Geschmack gleicht der Mandel fast völlig. Das Gemüse ist reich an Vitamin E, das man auch in Form von Mandelmilch zu sich nehmen kann. Es handelt sich um eine Staude, die man auch einjährig kultiviert. Als entfernte Schwester des Papyrus wächst die Pflanze in feuchtem Gelände, ist leicht anzubauen und wird rasch in unseren Gemüsebeeten heimisch.

Anbau

Pflanzung: Pflanzen Sie im Frühling einige Exemplare und lassen Sie die Pflanzen bis zum Herbst wachsen. Erdmandeln lieben frische, leicht feuchte, tiefgründige Böden. Man kann sie auch in Töpfen mit guter Entwässerung und etwas Sand im Substrat anbauen.
Standort: Sonnig bis halbschattig, vorausgesetzt, der Boden ist frisch und feucht, ansonsten anspruchslos.
Winterhärte: Die Blätter ziehen im Winter ein, doch frische Blätter treiben im folgenden April ohne besonderen Winterschutz der Pflanze wieder aus.
Pflege: Außer Gießen keine weitere Pflege nötig.
Schädlinge: Achten Sie auf Nagetiere, die die Wurzeln lieben. Seien Sie also schneller.
Vermehrung: Durch die zahlreichen Knöllchen zwischen den Wurzeln. Es genügt, wenn man sie im Winter erntet und bis zum kommenden Frühling trocken lagert. Wenn man sie in der Erde belässt, kommt die Pflanze von selbst wieder.
Ernte: Warten Sie den September ab, um die Pflanze auszugraben und die Wurzeln kräftig auszuschütteln, damit Sie die zahlreichen Knöllchen ernten können. Belassen Sie einige Mandeln für die nächste Saison in der Erde.

Verwendung

Was wird geerntet: Die mandelgroßen Knöllchen werden geerntet, ordentlich gewaschen und als Vorspeise gegessen, eine Überraschung für den Gaumen. Man kann sie auch wie Kastanien rösten.
Zubereitung: In Südspanien, wo die Pflanze in großen Mengen angebaut wird, stellt man daraus ein erfrischendes Getränk her: Horchata de chufa. Als glutenfreien, natürlich süße Energiequelle, die rasch aufgenommen wird, kann man Erdmandeln pürieren und im Kuchenteig als Buttersatz verwenden. Durch die ungesättigten Fettsäuren halten Erdmandeln das Herz-Kreislauf-System gesund.

Gut zu wissen

Eine spannende Pflanze, die man in den ausdauernden Gemüsegarten aufnehmen sollte, sie passt aber auch in ein kleines Quadratbeet.

Kleine Tipps

Vor dem Stecken im Frühling sollte man die Erdmandeln eine Nacht in lauwarmem Wasser einweichen. Dann keimen sie rascher. Danach kann man sie in einen Topf mit gut durchgearbeitetem Kompost stecken. Man stellt sie beispielsweise in ein Kleingewächshaus in der Nähe einer Heizung auf.

Essbares Blumenrohr

Volkstümlicher Name: Essbares Blumenrohr, Westindisches Blumenrohr, Essbare Canna. Botanischer Name: *Canna edulis* (auch *Canna indica*). Familie: Cannaceae.

Das Essbare Blumenrohr ist eine Staude mit dickem, fleischigem Rhizom. Der Name ist dem Griechischen und Lateinischen entlehnt: ‚kanna' bezeichnet ein Schilfrohr oder eine Binse und ‚edulis' bedeutet essbar.

Diese Pflanze schenkt uns im späten Frühling und Sommer bemerkenswerte, zinnoberrote Blüten und wächst bis zu 3 m hoch. Man kann sie im ausdauernden Gemüsegarten oder im Zierbeet hegen, um an beiden Aspekten zu arbeiten: Schönheit und Lebensmittelgewinnung. Ihr Stärkemehl wird für bestimmte Süßspeisen, Pudding, Pralinen oder als Bindemittel in Desserts verwendet. Die Wurzel besitzt entwässernde und abführende Eigenschaften. Sie enthält bis zu 25 % Stärke, aber auch Faseranteile, Eisen und die Vitamine A, B und C.

Anbau

Pflanzung: Ende April bis Anfang Mai, nach den letzten Frösten des Frühlings, tief einpflanzen. Lassen Sie dabei einen Abstand von 80 cm zwischen den Wurzelstöcken. In kalten Regionen kann man die Pflanzen ab Anfang April in Kübeln im Frühbeet oder im Gewächshaus vortreiben.
Standort: Vollsonnig, meiden Sie aber zugige Stellen, weil dort die Blütentriebe abbrechen könnten.
Winterhärte: In den meisten Regionen sollte im Winter eine schützende Strohlage ausgebracht werden. Besser wäre es aber, die Pflanze im Spätherbst auszugraben, nachdem der Frost die Blätter verbrannt hat, und die Wurzeln in einem Kasten voller trockenem Torf oder in Sand zwischenzulagern. Dann können wir auch die Jahrestriebe aussuchen, die nicht geblüht haben und daher gegessen werden, weil sie zarter sind.
Pflege: Stark anhäufen und dabei alle im Frühling aufkommenden Triebe mit Erde bedecken. Das dient nicht nur dazu, die Pflanze fest im Boden zu verankern, sondern bewirkt, dass sich neue, gut bedeckte Rhizome bilden, die besonders zart werden.
Schädlinge: Keine Probleme, weder mit Insekten noch Krankheiten. Achten Sie aber auf Nager.
Vermehrung: Ist einfach selbst vorzunehmen, weil Canna sich durch Teilung des Wurzelstocks vermehrt. Nehmen Sie ein scharfes Messer, im Fall eines kräftigen Wurzelbündels verwenden Sie den Spaten, teilen Sie die Pflanze in drei bis vier Teile und arbeiten Sie mit Messer nach.
Ernte: Ende September, wenn die Vegetationsphase zu Ende geht, und vor dem strengen Frost. Graben Sie die jungen unterirdischen Triebe des Jahres aus und lassen Sie den Rest des Rhizoms an Ort und Stelle. In kalten Regionen häufen Sie nun Stroh darüber.

Verwendung

Was wird geerntet: Die violett-rosafarbenen Wurzelsprossen aus dem aktuellen Jahr, sie haben keine bedeutenden, oberirdischen Triebe.
Zubereitung: Garen Sie die Sprossen wie Kartoffeln, ihr Geschmack erinnert an Artischocken und Pastinaken. Man verzehrt diese Wurzeln gekocht, gebraten, gedämpft, in Wasser gedünstet, frittiert oder gebacken. Nach dem Garen unbedingt schnell schälen.

Kleine Tipps

Die zarten, gedämpften Wurzeln passen wunderbar zu rotem Fleisch. Garen Sie die Wurzeln nicht zu lange, damit sich Geschmack und Struktur erhalten.

Gut zu wissen

Diese schöne Pflanze, die man wegen ihrer zinnoberroten Blüten auch nur zur Zierde pflanzen kann, gibt Ihrer Küche eine besondere Note, weshalb sie eigentlich einen Platz im Gemüsebeet verdient.

Helianthi

Volkstümlicher Name: Helianthi, Kropfige Sonnenblume, gelegentlich auch Erdbirne genannt (Als Erdbirne bezeichnet man auch Yacón und Topinambur, zudem gibt es die Amerikanische Erdbirne).
Botanischer Name: *Helianthus strumosus*. Familie: Asteraceae.

Helianthi ist eine Staude, die man wegen der knollenförmigen Wurzel als Gemüsepflanze anbaut. Sie gehört zur selben Gattung wie Topinambur. Ursprünglich in Nordamerika beheimatet, wurde sie zu Beginn des 20. Jahrhunderts in Europa eingeführt. Man verzehrt sie, kann sie aber auch in Zierbeete setzen, wo sie uns mit hübschen, gelben Blütenblättern und einem dunkleren Köpfchen belohnt. Wie Steckrübe oder Topinambur hat auch Helianthi das eher negative Image als rationiertes Gemüse im Zweiten Weltkrieg nicht ganz überwunden. Doch die Tiere irren sich nicht: Kaninchen fressen die Triebe als Delikatesse, während Wühlmäuse und Maulwürfe sich an den Wurzeln gütlich tun. Das Gemüse steht auf Diätplänen, weil man es regelmäßig essen kann.

Anbau

Pflanzung: Im Herbst werden die Pflanzen in einen tiefen, humusreichen Boden gesetzt, der gut entwässert. Die Pflanztiefe ist 15 cm, der Abstand sollte 60 cm zwischen den Pflanzen und 1 m zwischen den Reihen betragen.
Standort: Helianthi braucht eine sonnige Stelle.
Winterhärte: Kein Problem, da die Pflanze wegen ihrer Knollen eine ausdauernde Staude ist. Sie wächst jedes Jahr wieder bis zu 2,5 m hoch auf.
Pflege: Wirklich einfach zu kultivierende Pflanze ohne besondere Ansprüche, sie wächst von selbst.
Schädlinge: Wenn man von den Nagern einmal absieht, gibt es keine Probleme beim Anbau.
Vermehrung: Durch die Knollen.
Ernte: Die Knollen werden zwischen November und März geerntet, wobei man einige für die nächste Ernte im Boden lässt.

Verwendung

Was wird geerntet: Man sollte nicht zu viele Pflanzen ausgraben, weil sich die Knollen nicht gut lagern lassen. Da sie frostunempfindlich sind, kann man sie den ganzen Winter hindurch bei Bedarf ausgraben.
Zubereitung: Die Knollen werden gewaschen und etwa 15 Minuten lang gekocht, das Schälen ist dann einfach. Sie passen wunderbar als Beilage zu Fleisch. Da sie ähnlich wie Topinambur schmecken, kann man sie auch überbacken oder als Suppe servieren. Helianthi kann auch gebraten oder roh verzehrt werden.

Gut zu wissen

Diese große Pflanze mit den gelben Blüten, eine Cousine unserer Sonnenblumen, verdient es, öfter auf unserem Speiseplan zu stehen.

Kleine Tipps

- Damit die Stängel nicht im Wind abbrechen, kürzen Sie das Grün während des Sommers um die Hälfte ein.
- Der ideale Standort wäre am Rand des Gemüsegartens.

Kartoffelzwiebel

Volkstümlicher Name: Kartoffelzwiebel, Erdzwiebel.
Botanischer Name: *Allium cepa* var. *aggregatum*. Familie: Alliaceae.

Die Kartoffelzwiebel ist in unseren Gemüsegärten selten geworden. Und trotzdem duellieren sich die großen Köche darin, sie in ihren Gerichten zu adeln. Die Renaissance der Permakultur hat dieses Gemüse wieder ins Rampenlicht gerückt. Diese alte Kultursorte der Zwiebel überrascht durch ihre unterirdische Entwicklung, ein wenig so wie die traditionelle Schalotte. Ihre Zwiebeln sind mittelgroß, und im Gegensatz zur normalen Gemüsezwiebel erntet man aus einer gepflanzten Zwiebel fünf bis sechs Zwiebeln. Sie soll wie ihre Verwandte, die Gemüsezwiebel, natürliche antibakterielle und entzündungshemmende Eigenschaften besitzen. Es heißt, das in der Zwiebel enthaltene Quercetin empfehle sich für Menschen mit Cholesterin-Problemen. Roh oder gekocht verzehren!

Anbau

Pflanzung: Fast überall sollte man den Frühling zum Pflanzen abwarten.
Standort: Sonnig, wie bei allen Vertretern der Gattung Alliaceae.
Winterhärte: Obwohl die Pflanzen winterhart sind, besteht eigentlich kein Grund, sie im Winter im Boden zu belassen. Nur die Zwiebeln für die Kultur im Folgejahr bleiben stehen.
Pflege: Harken, um das Unkraut zu entfernen.
Schädlinge: Die Behauptung, es gäbe keine Schädlinge an Zwiebeln, ist gelogen. Ganz im Gegenteil, der Gärtner muss sehr darauf achten, die Zwiebelfliege durch Begleitpflanzen mit stark riechenden Blättern von den Zwiebeln abzulenken. Man darf während Trockenheit auch nicht zu stark gießen. Dadurch würden die Zwiebeln faulen.
Vermehrung: Die Vermehrung erfolgt von selbst unter der Erde, daher der Beiname „Kartoffel-“. Es genügt, wenn man genügend Zwiebeln mittlerer Größe zurückbehält, die man bis zum Stecken kühl überwintert.
Ernte: Wenn die Blätter im Juni welken und einziehen. Man trocknet die Zwiebeln einige Tage zur Konservierung. Verwenden Sie die größten Zwiebeln zum Verzehr und die durchschnittlichen für die nächste Ernte.

Verwendung

Was wird geerntet: Die unterirdischen Zwiebeln, die man im Juni herauszieht. Sorgfältig einige Tage in die Sonne legen.
Zubereitung: Der sehr feine Geschmack erinnert an die gewöhnliche Zwiebel, ist aber süßer. Roh oder gekocht, machen Zwiebeln Salat und Rohkost, Fleisch sowie Saucen würziger. Man kann sie auf gleiche Weise wie Schalotten zubereiten.

Gut zu wissen

Es ist wesentlich bequemer, diese mittelgroße Zwiebel in der Küche zu verarbeiten. Zusätzlich lässt sie sich gut lagern und der leicht süße Geschmack ist ein weiterer Trumpf.

Kleine Tipps

Gegen die Zwiebelfliege verteilen Sie die duftenden Blätter von Storchschnabel zwischen den Kartoffelzwiebeln. Sie können auch ein feines Insektennetz spannen, um die Schädlinge fernzuhalten. Breiten Sie gegen Nacktschnecken am Boden eine Mulchschicht aus Buchweizen-Hülsen aus.

Kerbelrübe

Volkstümlicher Name: Kerbelrübe, Knollen-Kälberkropf, Erdkastanie (so wird auch der Knollenkümmel genannt, S. 70).
Botanischer Name: *Chaerophyllum bulbosum*. Familie: Apiaceae.

Die Kerbelrübe ist ein Wurzelgemüse mit einem angenehm süßlichen Geschmack, der zwischen Kastanie und Kartoffel liegt. Man findet sie in Europa sowie Zentralasien, und der einfache Anbau ist für alle Amateurgärtner verlockend. In unseren Gemüsebeeten ist sie noch eine Seltenheit. Man verzehrt nur die Wurzeln. Die Pflanze ist zweijährig und entwickelt im zweiten Jahr einen sehr hübschen, bis zwei Meter hohen Blütenstängel. Sie besitzt weiße Blütendolden. Die dekorativen Blätter sind fein gefiedert und verschönern auch unsere Zierbeete. Ihre Wurzeln enthalten Kalzium, Kalium, Magnesium, Phosphor und Vitamin C, wodurch die Aufnahme der Mineralien und zahlreichen Spurenelemente für den Menschen möglich ist.

Anbau

Pflanzung: Kerbelrüben werden im Herbst, Oktober bis November, in einer Rille von wenigen Zentimetern Tiefe im Abstand von 4 bis 5 cm einzeln gesät. Bedecken Sie die Samen mit feiner Erde und drücken Sie das Substrat mit dem Rücken des Rechens fest. Die Pflanzen gehen erst im Frühling auf.
Standort: Sonnig, der Boden sollte gut durchlässig und reich an Humus sein.
Winterhärte: Zweijährige, winterharte Pflanze, die man nach 7 bis 8 Monaten Anbauzeit erntet. Die für die Samengewinnung bestimmten Exemplare lässt man stehen.
Pflege: Gießen, nach dem Auflaufen der Samen sollte der Boden gemulcht werden.
Schädlinge: Nacktschnecken, die aber durch Stroh ferngehalten werden, und wenn die Möhrenfliege stört, dann decken Sie feine Insektennetze über die Kultur.
Vermehrung: Nur durch Aussaat, die im Herbst erfolgen muss. Mit etwas Erfahrung kann man die Samen auch in Sand kühl aufbewahren und erst im Frühling säen.
Ernte: Längliche Wurzeln, die wie braun gefärbte Miniatur-Pastinaken aussehen. Sie werden Ende Juni geerntet, wenn die Blätter vergehen. Lassen Sie einige Exemplare zur neuerlichen Aussaat stehen.

Verwendung

Was wird geerntet: Ausschließlich die Wurzeln, die man trocken und kühl lagert. Achtung, keinesfalls die Blätter verwenden, weil diese giftig sind.
Zubereitung: Die Kerbelrübe ist eine Delikatesse. Man kann sie braten und zu Fleisch oder Fisch genießen oder als Püree. Gegart wird sie auf die gleiche Weise wie Möhren, Pastinaken, Kartoffeln oder Topinambur. Nicht zu lange garen, weil das Fleisch sonst mehlig wird.

Gut zu wissen

Es ist wirklich an der Zeit, dass die Kerbelrübe ihren Platz in unseren Gemüsegarten zurückerobert, da wir heutzutage so begierig auf unverfälschten Geschmack und besondere Raffinessen sind.

Kleine Tipps

Lassen Sie einige Pflanzen zwei Jahre lang stehen, um selbst Saatgut sammeln zu können, das Sie im Kühlschrank aufbewahren. Es ist im Handel nur schwer zu bekommen.

Der süßliche Geschmack zwischen Kastanie und Kartoffel entwickelt sich nach etwa zwei Monaten gekühlter Lagerung.

Knollenkümmel

Volkstümlicher Name: Gewöhnlicher Knollenkümmel, Erdkastanie (so wird auch die Kerbelrübe genannt, S. 68).
Botanischer Name: *Bunium bulbocastanum*. (früher: *Carum bulbocastanum*).
Familie: Apiaceae.

Beim Knollenkümmel handelt es sich um eine Staude, deren Anbau früher weit verbreitet war. Ihre Wurzelsprossen schmecken fein und delikat, ähnlich wie Esskastanien. Sie sehen wie kleine, schwarze Rugby-Bälle aus, das Fleisch ist weiß und kompakt. Diese Pflanze macht sich im Gemüsegarten heimisch.

Anbau

Pflanzung: Im Herbst pflanzt man entweder Containerstauden oder Teile der vorher selbst geteilten Büschel. Den April hindurch kann man in lockeren Boden auch direkt einsäen. Ziehen Sie eine 4–5 cm tiefe Rille, in der die Samen im Abstand von 8–10 cm ausgebracht werden. Bedecken Sie alles mit feiner Erde und drücken Sie das Substrat mit dem Rücken des Rechens fest, dann gießen und beobachten. Bis zur Keimung kann es bis zu drei Wochen dauern.
Standort: In der Sonne oder im Halbschatten. Die Pflanze verträgt auch leicht kalkhaltige Böden, sofern diese etwas frisch gehalten werden.
Winterhärte: Diese Pflanze ist sehr winterhart und verliert in den meisten Wintern nicht einmal ihre Blätter, ein Schutz ist daher unnötig.
Pflege: Pflege benötigt die Pflanze kaum. Bei der Aussaat ist lediglich darauf zu achten, dass die Samen nicht austrocknen. Dann ausdünnen, auf 10 cm verziehen und Wildkräuter jäten. Verwelkte Blüten entfernen und während Trockenheit gießen.
Schädlinge: Es gibt keine besonderen Schädlinge an diesem Gemüse. Wie bei allen Aussaaten ist aber auf Schneckenfraß zu achten.
Vermehrung: Der Knollenkümmel vermehrt sich durch Samen, die man selbst sammeln kann. Es ist schwierig, sie im Handel zu beziehen. Man kann auch im Abstand von zwei bis drei Jahren die Stauden teilen. Graben Sie dazu die Staude sorgfältig aus und teilen Sie mit dem Messer so, dass jedes Teilstück genug Wurzeln hat.
Ernte: Von November bis März ab dem zweiten Jahr. Ernten Sie die größten Sprossknollen und lassen Sie den Rest für die nächste Ernte im Boden.

Verwendung

Was wird geerntet: Man muss das zweite Anbaujahr und die Blüte der Pflanze abwarten. Dann bilden sich im Herbst mandelförmige Knöllchen in der Größe einer dicken Bohne.
Zubereitung: Gut gewaschen und vorbereitet, isst man die Knöllchen roh als Vorspeise oder gegart zu Fleisch. Der Geschmack erinnert an Kastanien.

Gut zu wissen

Eine erstaunliche, witzige Pflanze, die sicherlich nicht für starke Esser gedacht ist, sondern eher für Feinschmecker, die gerne neue Geschmacksrichtungen verkosten.

Kleine Tipps

Seien Sie vorsichtig und lassen Sie stets zwei oder drei Stauden wegen der Ernte der Samen ungestört.

Knollen-Ziest

Volkstümlicher Name: Knollen-Ziest, Chinesische Artischocke, Japanknolle. Botanischer Name: *Stachys sieboldii* (*Stachys affinis*). Familie: Lamiaceae.

Vergessen und wieder neu in den Supermarktregalen, stammt Knollen-Ziest ursprünglich aus Nordwest-China. Die Pflanze verdankt ihre französische Bezeichnung Crosne einer kleinen Stadt in der französischen Region Essonne, wo sie in Frankreich erstmals angebaut wurde. Es ist eine hübsche, pelzige, wuchernde Pflanze mit kleinen, rosafarbenen Blüten an der Spitze der Stängel. Den heutigen Feinschmecker interessieren jedoch die zahlreichen Rhizome mit verdicktem Ende, die wie kleine weiße Raupen aussehen. Beim Verzehr dieses leicht faserhaltigen Gemüses muss man aber nicht befürchten, an Gewicht zuzunehmen.

Anbau

Pflanzung: In gut wasserdurchlässiger Komposterde setzt man im Frühling jeweils 5 bis 6 Wurzeln pro Pflanzloch, oder man nimmt Containerstauden, damit lässt sich schnell ein Anfang machen. Es ist auch sicherer, weil die Rhizome an der Luft sehr rasch austrocknen. Die Pflanzen benötigen nur wenig Platz, um sich gut zu entwickeln und ein großer Pflanzkübel oder ein Quadratbeet eignen sich ebenfalls sehr gut. Gießen Sie nach dem Anpflanzen und später bei Trockenheit. Die Verdickungen der Rhizome bilden sich im Herbst, wenn die Tage kürzer werden.
Standort: Knollen-Ziest verträgt Sonne, gedeiht aber auch gut im Halbschatten.
Winterhärte: Sehr winterharte Staude, die in den meisten Regionen keinen Kälteschutz benötigt. Bei Frost sollte der Boden mit Stroh oder Laub bedeckt werden.
Pflege: Bei Hitze gießen und vorsichtig jäten, damit die Wurzeln nicht beschädigt werden.
Schädlinge: Die Pflanze kennt weder Fressfeinde noch Krankheiten.
Vermehrung: Bei den vielen, kreisförmig wachsenden Rhizomen sucht man die regelmäßig geformten Exemplare zur Vermehrung aus. Es ist unnötig, jedes Jahr die ganze Kultur auszugraben, es sei denn man braucht eine große Menge in der Küche.
Ernte: Ernten Sie die verdickten Rhizome in der Vegetationsruhephase zwischen November und März, belassen Sie aber einige für die kommende Ernte im Boden.

Verwendung

Was wird geerntet: Die Rhizome direkt bei Bedarf ernten, eine längere Lagerung ist nicht möglich.
Zubereitung: Der Geschmack der zarten weißen Wurzeln ähnelt dem von Artischocke und Topinambur. Sie werden gedünstet, gebraten, gegart in Salaten, Gratin oder Ragout verzehrt.

Gut zu wissen

Das Gemüse ist erste Wahl und es hat den Vorzug, dass die Ernte mit den Feierlichkeiten zum Jahresende zusammenfällt, ein guter Grund für seinen Anbau.

Kleine Tipps

Es ist unnötig die Wurzeln zu schälen. Man wäscht und bürstet sie gründlich ab, blanchiert sie einige Minuten in kochendem Wasser und brät sie kurz in Olivenöl – ein Gaumenschmaus!

Knollige Kapuzinerkresse

Volkstümlicher Name: Knollige Kapuzinerkresse, Mashua.
Botanischer Name: *Tropaeolum tuberosum*. Familie: Tropaeolaceae.

Ursprünglich in Peru heimisch, ist die Knollige Kapuzinerkresse eine alte Kulturpflanze, in der sich Geschmack, Ertrag und Schönheit vereinen. Sie auszuprobieren bedeutet, sie zu mögen. Es handelt sich um eine hübsche Kletterpflanze, die bis 2 Meter hoch wächst. Man kann die jungen Blätter und Blüten roh verzehren. Aber auch unter der Erde versteckt sich ein Schatz: Klumpen von zerfurchten, perlmuttfarbenen Wurzelsprossen. Wie bei der gewöhnlichen Kapuzinerkresse ist der Geschmack etwas pfeffrig mit einer leichten Note von Süßholz und Veilchen. Die Knollige Kapuzinerkresse wird wegen des hohen Vitamin-C-Gehaltes als Mittel gegen Nieren- und Blasenentzündungen empfohlen.

Anbau

Pflanzung: Ende April/Anfang Mai pflanzen Sie die Knollen, die Sie vorher in einer Kiste mit Torf oder Sand überwintert haben. Die Pflanzen werden 10 cm tief gesteckt, am besten horizontal liegend, damit sie gut wurzeln. Man kann sie im ausdauernden Gemüsebeet oder in Kübeln anbauen, auch im Balkonkasten.
Standort: Nährstoff- und humusreicher, gut durchlässiger Boden an einer sonnigen Stelle.
Winterhärte: Es empfiehlt sich, die Pflanzen im Herbst so spät wie möglich auszugraben. Die Pflanze wächst bei kurzer Tageslichtlänge, weshalb die Wurzelknollen genau zu diesem Zeitpunkt dicker werden.
Pflege: Es ist kaum etwas zu tun. Man sollte ein Rankgitter oder einige Stangen in Form eines Zeltes aufstellen und bei Trockenheit etwas gießen.
Schädlinge: Hier gibt es nichts zu bemerken, lediglich das Problem der Nager, wie bei allen Wurzelgemüsen.
Vermehrung: Diese Art vermehrt sich leicht durch die Vielzahl der Knollen, in unseren Breiten entwickelt sie keine Samen.
Ernte: Während des Monats Oktober, wenn die Blätter sich zurückziehen, vor dem ersten Frost. Entnehmen Sie nur einen Teil der Knollen, lassen Sie die kleinsten im Boden und bedecken Sie in kalten Regionen alles mit Stroh.

Verwendung

Was wird geerntet: Man gräbt vorsichtig die gelben, weißen und rosafarbenen Knollen aus, ohne sie zu beschädigen.
Zubereitung: In Butter gebacken, sind sie eine wunderbare Beilage zu Fisch oder Fleisch, sie besitzen Spargelaroma. Die Blätter kann man ebenfalls verwenden, sofern man die zartesten pflückt. Sie erinnern durch ihre leichte Säure etwas an Sauerampfer. Die süßen Blüten sind eine hübsche Garnierung von Salaten. Roh eignen sich die in feinste Scheiben geschnittenen Knollen auch für Rohkost, der sie ein etwas exotisches und pikantes Aroma verleihen, das manchen an Meerrettich erinnert. Der pikant-pfeffrige Geschmack verschwindet beim Garen fast vollständig zugunsten von feiner Süße. Den Knollen der Knolligen Kapuzinerkresse wird eine potenzsenkende Wirkung nachgesagt, und schon die Inka-Herrscher gaben sie ihren Soldaten regelmäßig zum Essen.

Gut zu wissen

Diese seit jeher in Südamerika kultivierte Pflanze ist wegen ihrer Genügsamkeit und des einfachen Anbaus drauf und dran, die europäischen Gaumen zu erobern.

Kleine Tipps

Überhäufen Sie die während der Vegetationszeit treibenden Sprossen immer gut mit Erde, das steigert den Ertrag.

Meerrettich

Volkstümlicher Name: Gewöhnlicher Meerrettich, Kren.
Botanischer Name: *Armoracia rusticana*. Familie: Brassicaceae.

Meerrettich, der in Frankreich auch als deutscher Senf bekannt ist, ist eine hübsche Staude, deren dicke Wurzel man zum Würzen verwendet. In Nord- und Osteuropa sehr beliebt, wird Meerrettich im Elsass zu Sauerkraut gegessen. Er ersetzt dabei den Senf. Die japanische Küche verwendet viel Meerrettich – der sehr starke Wasabi ist in Wirklichkeit ein Meerrettich.

Meerrettich ist im Winter wegen des hohen Gehalts an Vitamin C, B1, B2 und B6 sowie der Mineralstoffe Magnesium und Phosphor sehr gesund. Der regelmäßige Verzehr der Wurzel verbessert die Verdauung und die Blutzirkulation.

Anbau

Pflanzung: Die Pflanze mit Pfahlwurzel benötigt tiefgründige Böden. Pflanzen Sie im Herbst. Zwei oder drei Pflanzen reichen für eine vierköpfige Familie. Die Pflanze sollte sich ungestört mindestens ein Jahr entwickeln, bevor Sie ans Ernten gehen. Die Wurzeln wachsen in die Länge und man sollte sie erst ausgraben, wenn sie mindestens Faustgröße haben.
Standort: Sonnig, humusreiche, gut wasserdurchlässige Böden.
Winterhärte: Immer noch auf den weiten Ebenen im Osten Frankreichs angebaut, gibt es mit Meerrettich keine Probleme hinsichtlich der Winterhärte.
Pflege: Jäten Sie das Unkraut oder mulchen Sie mit Stroh. In der warmen Jahreszeit gießen. Geben Sie der Pflanze Raum, sich zu entwickeln.
Schädlinge: Wie bei allen Brassicaceae können im Sommer Flohkäfer über die Blätter herfallen und sie durchlöchern. Das ist für die Pflanze nicht gefährlich. Begießen Sie die Blätter und entfernen Sie die am stärksten betroffenen.
Vermehrung: Sehr einfach, indem man Wurzelabschnitte von etwa 10 cm Länge im Abstand von 40 cm im Boden einpflanzt. Der echte Meerrettich produziert keine fruchtbaren Samen. Im Handel wird unter gleichem Namen zwar Saat angeboten, doch dabei handelt es sich um eine Verwechslung, das ist nur Schwarzer Rettich.
Ernte: Die Wurzel wird nach einem Anbaujahr von November bis März geerntet. Belassen Sie einen Teil der Wurzeln im Boden.

Verwendung

Was wird geerntet: Die weiße, längliche Wurzel kann bis zu 4 cm Durchmesser entwickeln und wird zwischen November und März geerntet.
Zubereitung: Die Wurzel wird gründlich gewaschen, gerieben und als Würze zu Rohkost sowie Fleisch, Fisch und Eintopf verwendet.
Der ausgeprägte Geschmack ist stechend scharf, ähnlich wie Senf, wenn man Wurzel roh verwendet. Gekocht ist er milder. Man kann auch eine Sauce zu Fisch und Fleisch herstellen, indem man Crème fraîche, Butter, Zitronensaft zugibt und alles auf kleiner Flamme köchelt.
Die Wurzel belebt auch Gemüse wie geriebene Möhren oder Rote Bete.

Gut zu wissen

Eine wunderbare Pflanze für alle Freunde des intensiven Geschmacks. Meerrettich weckt unsere von der Alltagsküche schläfrig gewordenen Geschmacksknospen. Außerdem ist er reich an Antioxidantien sowie ein Lieferant von Vitamin C und Kalzium.

Es existiert eine andere Pflanze, die man als japanischen Meerrettich bezeichnet. Sie ähnelt dem normalen Meerrettich in vielerlei Hinsicht und wird in diesem Buch unter der Bezeichnung Wasabi näher erläutert.

Kleine Tipps

Diese nektarreiche Pflanze im Gemüsegarten lockt viele, für die Kulturen wichtige Bestäuber an.

Lagern Sie die Wurzeln im Gemüsefach des Kühlschranks, gut eingeschlagen in ein feuchtes Handtuch halten sie sich eine Woche.

Oka

Volkstümlicher Name: Peruanischer Sauerklee, Knolliger Sauerklee, Oka. Botanischer Name: *Oxalis tuberosa*. Familie: Oxalidaceae.

Knolliger Sauerklee oder Oka aus Peru ist eine ausdauernde Staude, die man unbedingt in der eigenen Pflanzensammlung haben sollte. Die Pflanze produziert längliche Sprossknollen in einer Länge von bis zu 6 cm. Man verzehrt sie roh oder gegart, wie man auch Kartoffeln kocht. Der Geschmack ist sehr ähnlich. Die wertvollen Knollen enthalten Kalzium, Kalium, Magnesium und Phosphor. Sie wirken unmittelbar auf unser Immunsystem ein und helfen vorbeugend bei vielen Winterkrankheiten.

Anbau

Pflanzung: Oka braucht einen leichten, humusreichen und wasserdurchlässigen Boden. In den meisten Regionen wird er gleichzeitig mit den Kartoffeln gepflanzt, also um den 15. April. In kälteren Gebieten wartet man die ersten Maitage ab. Sobald die Triebe etwa 10 cm lang sind, kann man sie zu Boden drücken, um die natürliche Bildung von Absenkern zu beschleunigen und den Ertrag zu erhöhen.
Standort: Ursprünglich in Peru beheimatet, braucht Oka einen sonnigen Platz.
Winterhärte: In den meisten Regionen kann Oka nicht im Beet überwintern, doch man sollte sie auch nicht zu früh ausgraben.
Pflege: Vom Gießen in der heißen Jahreszeit einmal abgesehen, ist kaum etwas zu tun. Ausgegraben werden die Pflanzen so spät wie möglich, dabei muss man unbedingt abwarten, bis die Blätter durch den ersten Frost verwelkt sind. Genau zu diesem Zeitpunkt setzt das Knollenwachstum in der Erde ein.
Schädlinge: Wir bauen die Pflanze viele Jahre an und hatten noch nie Parasitenprobleme. In feuchten Regionen muss man jedoch auf Nackt- und Weinbergschnecken achten.
Vermehrung: Oka kann ganz einfach durch die Sprossknollen vermehrt werden. Bei der Ernte wählt man die Knollen aus, die für die Pflanzung im Folgejahr verwendet werden. Sie sollten die übliche Länge und durchschnittliche Dicke haben. Man überwintert die Knollen frostfrei, aber kühl in Sand oder trockenem Torf.
Ernte: So spät wie möglich, nachdem der Frost die Blätter der Pflanzen verbrannt hat, also Ende November und Dezember.

Verwendung

Was wird geerntet: Der Kniff bei dieser Pflanze sind die Knollen. Man legt sie nach der Ernte einige Tage in die Sonne, um die Säure zu mildern.
Zubereitung: Man verzehrt die Knollen wie Kartoffeln in gekochter, frittierter oder gebratener Form. Die Blätter lassen sich wie Sauerampfer verwenden. Menschen mit rheumatischen Erkrankungen sollten die Blätter wegen des Oxalsäuregehaltes jedoch meiden.

Gut zu wissen

Eine sehr spannende Pflanze, deren Anbau leider nicht weit verbreitet ist. Sie wächst praktisch von selbst und der Ertrag ist beachtlich.

Kleine Tipps

- Pflanzen Sie die Knollen ab Ende April aus und bauen Sie verschiedene Farben an (rot, gelb, weiß und rosa). Graben Sie die Pflanzen etwa drei Wochen nach den ersten Frösten aus, also etwa Ende Dezember. So erhält man den größten Ertrag.
- Sie sollten die Oka in Töpfen vortreiben, die Sie bis nach dem letzten Frost im Frühjahr im Warmen behalten.

Petersilienwurzel

Volkstümlicher Name: Knollen-Petersilie, Petersilienwurzel, Wurzelpetersilie. Botanischer Name: *Petroselinum crispum* var. *tuberosum*. Familie: Apiaceae.

Die Petersilienwurzel trägt etliche Trivialnamen, darunter auch Knollen-Petersilie und in Frankreich „Hamburger Petersilie". Sie gehört zur selben Gattung wie die gewöhnliche Petersilie. Es handelt sich um eine ausdauernde Staude mit einer dicken, elfenbeinfarbenen Wurzel von bis zu 20 cm Länge. Sie sieht dem berühmten Pastinak zum Verwechseln ähnlich. Das Grün der Petersilienwurzel ähnelt dem der Glatten Petersilie, man kann es zum Kochen verwenden. Die Dolden kleiner, grünweißer Blüten sind auch im Zierbeet dekorativ. Einfach im Anbau, unempfindlich gegen Krankheiten – sie auszuprobieren heißt sie mögen. Wer diese Art im Garten hat, besitzt einen Schatz, weil sie bei den Gärtnereien nur selten angeboten wird.

Anbau

Pflanzung: Die in Osteuropa sehr bekannte Wurzelpetersilie wird im Frühling in lockere Böden ausgesät. Man sät einzeln im Abstand von 10 cm und die Reihen sollten 40 cm Abstand haben. Die Samen werden mit lockerer Erde oder Sand bedeckt und leicht angedrückt, dann gießt man.
Standort: Sonnig, leichte Böden, vorhandene Steine sollte man ablesen. Möglicherweise verhindern sie das Keimen und die Wurzeln wachsen verkrüppelt.
Winterhärte: Ziemlich winterhart, wird aber zum Winter hin ausgegraben, die Wurzeln werden kühl in Sand gelagert.
Pflege: Bei Hitze gießen, Unkraut zwischen den Reihen jäten, die Pflanzen auf 10 cm ausdünnen, sofern man beim Säen eine zu lockere Hand hatte.
Schädlinge: Probleme mit Schädlingen sind bei dieser Art nicht bekannt, also keine schwierige Kultur.
Vermehrung: Aussaat ist der einzige Weg, um Wurzelpetersilie zu vermehren.
Ernte: Die Blätter erntet man während der gesamten schönen Jahreszeit, die Wurzel ab September. Belassen Sie die Pflanzen mehrere Jahre lang am Standort, um immer Blätter zu haben, und kultivieren Sie einige Exemplare bis zur Samenreife, damit Wurzelpetersilie jedes Jahr wiederkommt.

Verwendung

Was wird geerntet: Blätter und Wurzeln.
Zubereitung: Wird wie gewöhnliche Petersilie als Gewürzkraut in Speisen und Rohkost verwendet. Die Wurzeln, die dem weißen Pastinak ähneln, aber kleiner sind, werden in der Art von Möhren gekocht: in Suppen, Eintopf, unter Pürree gemischt, oder zu Kartoffeln oder Butternut-Kürbis serviert.

Gut zu wissen

Eine interessante Pflanze, weil sie an ein und derselben Stelle das ganze Jahr hindurch Blätter liefert und im Herbst Wurzeln. Das ist vor allem in kleinen Gärten praktisch.

Kleine Tipps

Da man das Saatgut nur schwer findet, kultivieren Sie zwei oder drei Exemplare bis zur Samenreife. Die Samen werden im Sommer des zweiten Anbaujahrs gesammelt.

Rapunzel-Glockenblume

Volkstümlicher Name: Rapunzel-Glockenblume.
Botanischer Name: *Campanula rapunculus*. Familie: Campanulaceae.

Diese Pflanze ist nicht die Heldin des bekannten deutschen Märchens, sondern die Königin des Gartens. Es handelt sich um eine Glockenblume, deren Blütenglocken Ihre Verbündeten werden. In Frankreich wurde diese zweijährige Blume vom 15. bis 17. Jahrhundert in Kultur angebaut. Heute schmückt sie Wegesränder, Gräben und Raine der Felder. Wenn Sie sich nach der Pflanze bücken, haben Sie mit einem Griff ein wunderbares Salatgericht in der Hand. Die ganze Pflanze ist essbar. Die kegelförmigen Wurzeln ähneln einem weißen Rettich und sind voll von milchigem Saft. Sie passen zu allen Gerichten. Faser-, mineral- und vitamin-C-reich, verbessert die Rapunzel-Glockenblume die Verdauung. In der Pflanzenheilkunde verwendet man sie außerdem zur Linderung von Halsschmerzen und Angina.

Anbau

Pflanzung: Zwischen Herbst und Frühling in Rillen ausgesät, werden die sehr kleinen Samen mit Sand bedeckt, angedrückt und leicht gegossen. Bis zum Keimen dauert es etwa 20 Tage.
Standort: Sonnig oder im Halbschatten, in lockeren, sandigen Boden mit viel Humus. Kübel oder Quadratbeet sind Standorte, die der Glockenblume sehr behagen.
Winterhärte: Als winterharte Zweijährige hat die Rapunzel-Glockenblume keine Probleme im Winter.
Pflege: Für rasches Wachstum regelmäßig gießen. Wenn die erste Aussaat im April rasch geerntet wird, kann man im Juni nochmals säen und damit die Ernte bis in den Herbst strecken. Erforderlichenfalls ausdünnen, damit nur eine Pflanze im Abstand von 5 cm wächst.
Schädlinge: Sie kennt keine Schädlinge.
Vermehrung: Ausschließlich durch Samen, die man leicht selbst gewinnen kann. Selten im Handel. In manchen Regionen wächst die Art noch wild.
Ernte: Sobald die Wurzel etwa fingergroß ist, etwa zwei Monate nach der Aussaat. Lassen Sie einige Pflanzen zur Blüte und Samenreife kommen und sammeln Sie das Saatgut.

Verwendung

Was wird geerntet: Die längliche, weiße Wurzel mit festem, knackigem Fleisch wird wie Radieschen geerntet und verzehrt.
Zubereitung: Mit dem feinen, milden Geschmack wird die Wurzel als Vorspeise oder gemischt mit Rohkost verzehrt, die Blätter mischt man unter Salat.

Gut zu wissen

Diese essbare Glockenblume, die schon seit dem Mittelalter bekannt ist, hat es verdient, dass man sich wieder für sie interessiert. Das nussige Aroma betört die Gaumen der Feinschmecker ebenso wie sie seinerzeit die Aufmerksamkeit des Dichters Ronsard auf sich zu ziehen vermochte.

Kleine Tipps

Da die Samen ausgesprochen fein sind (etwa 60 000 Körnchen pro Gramm), mischt man sie zur Aussaat mit Sand. Dann muss man nicht so viel ausdünnen.

Schlangen-Knoblauch

**Volkstümlicher Name: Rockenbolle, Schlangen-Knoblauch.
Botanischer Name: *Allium sativum* var. *ophioscorodon*. Familie: Alliaceae.**

Rockenbolle, auch Schlangen-Knoblauch genannt, war im Mittelalter wegen der vielen medizinischen Eigenschaften weit verbreitet. Er produziert kleine Knollen wie der gewöhnliche Knoblauch, aber auch viele – bis zu 10 – Brutzwiebeln und Blüten an der Spitze des Schafts. Wenn man nur die Brutzwiebeln erntet, kann die Pflanze jahrelang im Gemüsebeet gedeihen. Rockenbolle ist eine Wildpflanze mit „harten Trieben", die sowohl wegen ihrer Heilwirkung und ihres kulinarischen Nutzens als auch wegen des dekorativen Anblicks einen Platz im Garten verdient. Der Geschmack ist süßer als bei gewöhnlichem Knoblauch, die Anwendung ist aber gleich. Er ist reich an Polyphenolen und schwefelhaltigen Ölen. Damit wird er zu einem wirksamen Bakterizid, zudem besitzt er verdauungsfördernde sowie abführende Wirkung. Er entgiftet und wirkt blutreinigend.

Anbau

Pflanzung: Am besten im Frühling. Da er im Beet überwintert, wird dieser ausdauernde Knoblauch mit 30 cm Abstand auf wasserdurchlässigen Böden gesetzt. Er sollte auf einem leichten Häufchen sitzen, um eine gute Drainage zu gewährleisten.
Standort: Sonnig, lockere Böden. Vermeiden Sie Böden, in welchen die organischen Stoffe nicht ausreichend zersetzt sind, damit die Knollen nicht verrotten.
Winterhärte: Bei gut wasserdurchlässigem Substrat ist Rockenbolle ausdauernd winterhart und kann problemlos jahrelang im Beet stehen.
Pflege: Stellen Sie sicher, dass das Wasser gut abläuft und mulchen Sie, damit der Boden im Sommer kühl bleibt.
Schädlinge: Vom dem oft gegen Ende des Sommers an den Blättern erscheinenden Rost einmal abgesehen, gibt es keine Probleme. Den Rost bekämpft man mit Bordeaux-Brühe.
Vermehrung: Rockenbolle vermehrt sich ganz einfach durch die zusammengeballten Luftzwiebelchen an der Spitze der kräftigen Stängel. Man kann ihn auch wie den gewöhnlichen Knoblauch durch Teilen der Knolle vermehren. Dazu werden die Zehen im Abstand von 10 cm gesteckt.
Ernte: Sobald die Brutzwiebeln oben ausreichend entwickelt sind, kann man sie den ganzen Sommer hindurch nutzen. Die Knollen lassen sich über Jahre ernten.

Verwendung

Was wird geerntet: Im Sommer pflücken Sie die Brutzwiebeln und im Oktober des zweiten Jahres ernten Sie den unterirdischen Teil der Pflanze.
Zubereitung: Man verwendet Schlangen-Knoblauch zu Fleischgerichten, zum Würzen von Vinaigrette-Saucen, zum Spicken von Braten oder für die „Kajpsoppa", eine besondere Schlangen-Knoblauchsuppe von der südschwedischen Insel Gotland.

Gut zu wissen

Dieser ausdauernde Knoblauch ist leicht zu kultivieren, sogar und vor allem in kleinen Gärten oder Gemüse-Quadratbeeten. Dabei ist er ertragreich und dekorativ. Hinzuweisen wäre auch noch auf Kochs Lauch oder Weinbergslauch, *Allium vineale*, die wilde Form der Rockenbolle, die man auch heute noch in der Natur findet und die vergleichbare Eigenschaften besitzt.

Kleine Tipps

Setzen Sie einige Exemplare um Ihre Pfirsichbäume herum, als Schutz gegen die Kräuselkrankheit.

Schwarzer Liebstöckel

Volkstümlicher Name: Alisander, Schwarze Gelbdolde.
Botanischer Name: *Smyrnium olusatrum*. Familie: Apiaceae.

Auf den Brachflächen in Südeuropa wächst Schwarzer Liebstöckel als Wildpflanze, doch schon im Mittelalter fand er als Gemüse den Weg in die Nutzgärten. Die ersten Sternstunden hatte er in den Gemüsegärten von Karl dem Großen, wurde dann aber zugunsten des geschmacklich ähnlichen, aber kräftigeren Selleries aufgegeben. Duft und Aroma erinnern an Myrrhe. Man kann diese Pflanze auch im Zierbeet platzieren, wo sie aufgrund der stattlichen zwei Meter Wuchshöhe alles überragt. *Smyrnium* vermehrt sich von selbst auf frischen, tiefen, an organischen Stoffen reichen Böden. Die Früchte sind schwarz und sehr geschmackvoll. Die Pflanze ist eine echte Nutzpflanze, da alle Teile essbar sind: Blätter, Blüten, Stängel, Wurzeln und Knospen. Sie besitzt einen hohen Vitamin- und Mineralstoffgehalt.

Anbau

Pflanzung: Freilandsaat im April in Rillen, Sie können aber auch in Aussaatschalen ab Februar säen und die jungen Pflanzen im Frühling auspflanzen.
Standort: Bevorzugt sonnig, auf humusreichen, tiefen Böden.
Winterhärte: Sehr winterhart, eine winterliche Schutzbedeckung ist nicht nötig. Vielleicht lag die Glanzzeit dieses Gemüses daher in einer Epoche, in der die Winter strenger waren.
Pflege: Gießen, Jäten und Ausdünnen, sofern Sie beim Säen etwas klamme Finger hatten.
Schädlinge: Diese mittelalterliche Kulturpflanze kennt keine Schädlinge.
Vermehrung: Durch Aussaat im Frühling (März/April) in einer Rille von 5 cm Tiefe, legen Sie die Samen einzeln im Abstand von etwa 15 cm, dann mit lockerer Erde bedecken und mit dem Rechen andrücken.
Ernte: Junge Blätter werden im Frühling geerntet, die Wurzeln im September. Lassen Sie einige Pflanzen zur Samenreife kommen, damit die nächste Ernte gesichert ist.

Verwendung

Was wird geerntet: Alle Teile der Pflanze sind essbar.
Zubereitung: Die zarten, jungen Blätter werden als Gewürz in Rohkostsalaten verwendet. Die Wurzeln, die eine schwarze Haut haben, kann man roh oder gekocht wie Möhren essen. Oder wie Kohlräbchen gekocht als Beilage zu Fleisch oder im Eintopf. Die jungen Stängel, die übrigens hohl sind, geben Salaten Würze oder werden wie Engelwurz eingelegt. Man kann sie auch wie Spargel kochen. Die Blüten sind eine Zutat für Salate und die Knospen verzehrt man wie Kapern. Und zuletzt werden noch die im Herbst geernteten Samen wie Pfeffer verwendet.

Gut zu wissen

Diese alte Kulturpflanze schmeckt wie unser heutiger Stangensellerie, ist jedoch im Aroma etwas milder. Aufgrund ihrer Robustheit und des einfachen Anbaus verdient sie aber einen Platz im Gemüsegarten.

Kleine Tipps

Da das Saatgut im Handel kaum verbreitet ist, lassen Sie am besten zwei Exemplare der Pflanze als Saatgut-Produzenten stehen.

Topinambur

Volkstümlicher Name: Topinambur, Indianerknolle, Erdbirne (Achtung, volkstümlich heißen auch Yacón und Helianthi Erdbirne), Jerusalem-Artischocke. Botanischer Name: *Helianthus tuberosus*. Familie: Asteraceae.

Topinambur, den man auch Indianerknolle oder Erdbirne nennt, ist eine vergessene Gemüseart, die unsere Teller zurückerobert. Die Wurzel sieht aus wie ein Mischling aus Ingwer und Kartoffel. Ursprünglich in Nordamerika beheimatet, trägt die Pflanze den Namen eines amerikanischen Ureinwohnerstammes, der zeitgleich mit dem Gewächs in Frankreich bekannt wurde. Die Wurzel wurde während des Zweiten Weltkrieges in großen Mengen verzehrt und landete danach wegen der Verknüpfung mit diesen unschönen Erinnerungen auf der schwarzen Liste. Die Knollen sind ballaststoffreich, was die Verdauung anregt, sowie reich an Vitamin B und Inulin, was anders als bei Stärke den Blutzuckerspiegel von Diabetikern nicht beeinflusst.

Anbau

Pflanzung: Pflanzen Sie die Knollen im Frühling oder Herbst im Abstand von etwa 80 cm aus, die Reihen sollten 1 m Abstand haben.
Standort: Volle Sonne und keine unmittelbaren Nachbarn, also keine Pflanzengesellschaft möglich.
Winterhärte: Keinen Winterschutz vorsehen, damit man den Nagern nicht die Arbeit erleichtert. Da die Pflanze aus Nordamerika stammt, hat sie keine Probleme mit dem europäischen Winter. Am bekanntesten ist die rote Sorte, doch kann man auch die violette Züchtung aus Rennes, die rote aus dem Limousin oder die gezähnte Sorte ausprobieren.
Pflege: Sie kostet nach dem Auspflanzen in tiefgründigem Boden nur wenig Mühe. Manchmal ist es jedoch nötig, das Grün im Sommer auf halbe Höhe einzukürzen, um das hässliche Stützen zu vermeiden. Das bremst die Wüchsigkeit, ohne die Entwicklung der Wurzeln zu beeinträchtigen.
Schädlinge: Manchmal kommen Nager, die sich gütlich tun. Sonst können Sie aber alle Mittel, auch die biologischen, getrost wegräumen.
Vermehrung: Topinambur vermehrt sich ausschließlich durch Knollen, von denen die Pflanzen so viele produzieren, dass genug zum Essen, Vermehren und sogar zum Verschenken an Freunde da sein werden. Sie haben die Wahl zwischen roten, etwas rundlichen und weißen, länglichen Knollen, die einfacher zuzubereiten sind.
Ernte: Ab November graben Sie die Wurzeln aus. Belassen Sie einige für die nächste Ernte im Boden.

Verwendung

Was wird geerntet: Sprossknollen. Aber nichts überstürzen: Man muss warten, bis die alljährliche Vegetationsruhe einkehrt, und erntet dann von November bis März. Man kann die Knollen auch nicht lagern, höchstens wenige Tage im Kühlschrank, deshalb erntet man portionsweise nach Bedarf. Glücklicherweise macht der Frost den Knollen nichts aus.
Zubereitung: Der artischockenähnliche Geschmack wird Ihren Gaumen verzaubern, Sie können auch delikate Cremesuppen daraus machen und sie wie ein Meisterkoch in kleinen Gläschen servieren.

Gut zu wissen

Diese wunderbare Pflanze, ein Opfer negativer Assoziationen aus den 1940er-Jahren, wird nun durch die großen Küchenchefs der Gegenwart neuerlich geadelt – ein Ruf, den sie niemals hätte verlieren dürfen. Vielleicht kann man aus diesem Grund ohne Schwierigkeiten mehr als 30 verschieden Sorten im Handel finden.

Kleine Tipps

Die Wurzeln werden erst in kochendem Wasser blanchiert und dann in gesalzenem Wasser gar gekocht, fügen Sie wegen der besseren Verdaulichkeit einige Salbeiblätter hinzu.

Wasabi

Volkstümlicher Name: Japanischer Meerrettich, Wasabi.
Botanischer Name: *Wasabia japonica*. Familie: Brassicaceae.

Wasabi entspricht unserem gewöhnlichen Meerrettich, hat jedoch die Besonderheiten, dass das Fleisch grün ist und man die Blätter verzehren kann. Wasabi wächst wild an dauerfeuchten, bewaldeten Ufern in den Bergen Japans. Lange Zeit gar nicht im Pflanzenhandel zu finden, ist er heute bei uns leicht zu bekommen. Wasabi ist eine schöne Staude mit vielen großen, herzförmigen Blättern, die man sowohl im Zier- als auch im Gemüsebeet kultivieren kann. Blätter und Wurzeln haben antioxidative sowie antimikrobielle Wirkung und helfen gegen Schimmelpilze. Sie sind zudem reich an Vitaminen C und B, Kalzium, Magnesium und verschiedenen Spurenelementen.

Anbau

Pflanzung: Man könnte ihn für eine Wasserpflanze halten, so sehr liebt er feuchte Standorte. In den japanischen Bergen ist er dort heimisch, wo sich das Wasser durch fließende Gewässer ständig erneuert. Bei uns kann man ihn im Topf kultivieren.
Standort: Schatten oder Halbschatten ist wichtig, der Boden sollte nährstoffreich sein.
Winterhärte: Die Pflanze ist ziemlich winterhart, fühlt sich aber unter einer leichten Abdeckung, wie einem Folientunnel oder Sonnenschutz, besonders wohl.
Pflege: Am wichtigsten ist die regelmäßige Erneuerung des Wassers.
Schädlinge: Es gibt keine Schädlinge. Auch wenn Wasabi zu einer Familie gehört, die oft von saugenden Insekten heimgesucht wird, hält das Wasser diese vom Wasabi fern.
Vermehrung: Durch Samen, die Sie selbst sammeln sollten, weil es schwierig ist, sie im Handel zu finden. Einfacher ist es aber, die Staudenbüschel zu teilen, weil sie schon nach einem Jahr in Kultur viele Wurzelausläufer bilden.
Ernte: Seien Sie nicht ungeduldig, die Pflanze sollte sich gut entwickelt haben. Im zweiten Anbaujahr können Sie ab September mit der Ernte ausreichend großer Wurzeln beginnen. Die kleinen Wurzeln belassen Sie für spätere Ernten im Boden. Blätter können regelmäßig geerntet werden.

Verwendung

Was wird geerntet: Von Wasabi kann man alle Pflanzenteile nutzen, die Blätter und Blüten als Zutat im Salat, die geriebene Wurzel als Paste.
Zubereitung: Diese Pflanze erobert gerade unsere heimischen Küchen, natürlich in Form von Sushi. Seit kurzem aber auch in Eis, gemischt mit Frischkäse oder Crème fraîche als Sauce, und man verwendet ihn wie Senf zu Fleischgerichten. Geschmacklich entspricht er unserem Meerrettich, ist im Mund aber etwas schärfer.

Gut zu wissen

Als uralte Pflanze wird Wasabi in den Bergen Japans in Kultur angebaut. Sie verdient unser Interesse, nicht nur wegen des gastronomischen Aspekts, sondern auch wegen wissenschaftlicher Studien, die den Gehalt natürlicher Fungizide belegen. Man könnte diese im biologischen Pflanzenanbau zum Schutz der Umwelt nutzen.

Kleine Tipps

Beginnen Sie die Kultur in Töpfen im Wintergarten oder im Kaltgewächshaus und bringen Sie die Pflanzen ab Juni draußen im Schatten unter.

Yacón

Volkstümlicher Name: Erdbirne (kann zu Verwechslung mit Topinambur und Helianthi führen, die ebenfalls „Erdbirne“ genannt werden), Yacón. Botanischer Name: *Polymnia sonchifolia*. Familie: Asteraceae.

Die Knollen von Yacón lassen an Dahlien oder Kartoffeln denken. Auf dem Teller erinnert der süßliche Geschmack dieses kostbaren Gemüses an Birnen. Die Schale der Knollen ist bestimmt ein Spaß für Ihre Kinder: rot mit braunen Flecken. Im Garten kann Yacón bis zu 2 m hoch wachsen, reservieren Sie der Pflanze daher eine Ecke oder den Rand des Gemüsegartens als Windschutz für andere Gemüsearten. Wie Topinambur ist auch Yacón kalorienarm: ideal für eine Frühlingsdiät oder bei Diabetes.

Anbau

Pflanzung: Aufgrund des üppigen Wuchses und der beeindruckenden Ausbreitung der Wurzeln wird Yacón ab Ende April in einer Tiefe von 20 cm und im Abstand von 80 cm gepflanzt.
Standort: Wie alle Asteraceae braucht diese Art Sonne und einen tiefgründigen, humusreichen Boden. Planen Sie ausreichend Platz für den üppigen Wuchs ein. Yacón kann lange Zeit im Boden bleiben, weil die Pflanzung nach den Eisheiligen Anfang Mai erfolgt und die Ernte vor den heftigen Bodenfrösten des Winters.
Winterhärte: Mäßig, muss im Herbst ausgegraben werden, sobald der Frost die Blätter verbrannt hat.
Pflege: Mit Yacón hat man fast nichts zu tun. Sie wächst ohne Probleme in der Saison einen Meter hoch, wenn man in der heißen Jahreszeit ein wenig gießt. Der Stock muss gut angehäuft werden, damit die Knollen geschützt sind.
Schädlinge: Weder Fressfeinde noch Krankheiten.
Vermehrung: Durch Teilung der Wurzelbündel. Bewahren Sie die Knollen kühl in Torf oder Sand bis zum Auspflanzen im April/Mai auf. Stecklingsvermehrung wird auch durchgeführt.
Ernte: Ernten Sie alle Knollen ab November vor dem großen Frost. Lassen Sie nur die jungen Sprossen rund um die Sprossrosette im Boden und decken Sie in kalten Regionen eine dicke Strohschicht darüber.

Verwendung

Was wird geerntet: Sprossknollen, die den Dahlienwurzeln zum Verwechseln ähnlich sehen. Sie werden frostfrei gelagert.
Zubereitung: Yacón-Knollen werden wie Kartoffeln zubereitet: gekocht und geschält, gebraten, als Püree, Gratin, gerieben und mit geschlagenem Ei als Puffer. Man kann sie aber auch roh in gemischten Salaten essen, das Aroma ist pfeffrig.

Gut zu wissen

Schade, dass diese große Pflanze in unseren Gemüsegärten nicht häufiger vertreten ist. Ihre Robustheit und die unkomplizierte Entwicklung verdienen unser Interesse.

Kleine Tipps

Roh mit einem leicht karamellisierten Sirup wird aus Yacón eine überraschende Nachspeise.

Zucker-Merk

Volkstümlicher Name: Süßwurzel, Zucker-Merk.
Botanischer Name: *Sium sisarum*. Familie: Apiaceae.

Zucker-Merk ist ein mehrjähriges Gemüse von höchstens 1,5 Metern Höhe. Er bringt eine große Menge verdickter, fleischiger Wurzeln hervor. Sie sind weiß und haben einen feinen, süßen Geschmack. Manchmal wird die Pflanze mit der Pastinake verglichen. Zucker-Merk wird überwiegend in England und Nordost-Europa verzehrt. Die Pflanze ist reich an Kohlenhydraten, Ballaststoffen und Kalium. Als Gemüse passt Zucker-Merk wunderbar zu fleißigen Gärtnern und Sportlern. Man verzehrt ihn wie Kartoffeln.

Anbau

Pflanzung: Im Frühling im Anzuchtbeet gesät, werden die Sämlinge pikiert und in humusreichen, tiefen und gut entwässernden Boden gepflanzt. Man findet gelegentlich auch Jungpflanzen im Handel.
Standort: Sonnig.
Winterhärte: Die Blätter werden abgeworfen, aber die Pflanze ist ausgesprochen winterhart.
Pflege: Eine verträgliche Pflanze, daher leicht zu kultivieren.
Schädlinge: Sind nicht bekannt, wenn man in einigen Fällen von den Nagern absieht.
Vermehrung: Zucker-Merk wird durch die Aussaat gekühlter Samen im Frühling vermehrt. Man kann sie leicht selbst sammeln. Eine Teilung bewurzelter Horste ist im Frühling auch möglich.
Ernte: Von Ende September bis Anfang März während der Vegetationsruhe. Wenn man die Wurzeln zur Ernte geschnitten hat, pflanzt man die Staude erneut ein.

Verwendung

Was wird geerntet: Die langen weißen Wurzeln. Sie sind etwa daumendick und relativ lang. Also sollte man sie vorsichtig herausziehen, um sie nicht zu beschädigen.
Zubereitung: Die Wurzeln mit dem sehr süßen, kastanienähnlichen Geschmack werden gegart wie Schwarzwurzeln verwendet.

Gut zu wissen

Es handelt sich um eine alte Gemüsesorte, die es verdient hat, wieder entdeckt zu werden. Ihre Wurzeln gehörten im 16. und 17. Jahrhundert zu den bevorzugten königlichen Tafelfreuden.

Kleine Tipps

Nach der Ernte der Wurzeln sollte man die Staude in fünf oder sechs neue Pflanzen aufteilen, die man für die Ernte im nächsten Jahr wieder einpflanzt. Schälen muss man die Wurzeln vor dem Garen nicht, aber man sollte sie gut unter fließendem Wasser bürsten.

Früchte

Baumtomate

Volkstümlicher Name: Baumtomate.
Botanischer Name: *Cyphomandra betacea*. Familie: Solanaceae.

Die Baumtomate ist ein Früchte tragender, tropischer Strauch aus den Anden. Man kultiviert ihn draußen, sofern die Temperaturen nicht unter –4 °C sinken. Damit ließe sich die Pflanze am Mittelmeer oder der südlichen Atlantikküste mit leichtem Schutz für den Winter im Freiland anbauen. Besser gedeiht die Pflanze, wenn man sie wie Zitrus in Kübel setzt und im Winter ins Haus holt. Der Strauch kann bis zu 5 m hoch werden und gehört unter Liebhabern zu den besonders geschätzten Arten. Die Blüten sind klein, hellrosa und verströmen einen ganz eigenen Duft nach Karamell. Die Früchte, Tamarillos genannt, werden von August bis Dezember gegessen und sehen aus wie Hühnereier. Sie sind erst essbar, wenn sie völlig reif sind. Das Fruchtfleisch ist orangefarben und darin liegen kleine schwarze Kerne. Der Geschmack der Frucht zwischen süßer Tomate und säuerlicher Melone ist eigenwillig.

Anbau

Pflanzung: In einem Kübel von mindestens 30 cm Durchmesser, in nährstoffreiche und wasserdurchlässige Pflanzerde setzen.
Standort: Als südamerikanische Pflanze liebt sie die Sonne.
Winterhärte: Auf dem europäischen Kontinent weitgehend nicht winterhart, muss geschützt überwintern und wird zwischen Mai und Ende September nach draußen gestellt.
Pflege: Da die Baumtomate schnell wachsend ist, sollte sie eine geeignete Stütze erhalten. Bei Hitze gießen, die Oberfläche des Kübels mulchen, um die Erde kühl zu halten.
Schädlinge: Schnecken, die man aber durch Strohbedeckung vergraulen kann, manchmal auch Blattläuse, die man am besten mit Schmierseife bekämpft.
Vermehrung: Aussaat von Samen im April oder Mai, danach Pikieren und auspflanzen. Samen muss man selbst sammeln, weil sie selten im Handel zu finden sind. Man kann im Frühjahr auch Ableger aus Triebspitzen ziehen. Dazu entfernt man einige Blätter und steckt die Klone zum Wurzeln unter Plastikfolie.
Ernte: Im zweiten Anbaujahr erntet man die roten, in Trauben wachsenden Früchte. Sie reifen gegen Ende des Jahres.

Verwendung

Was wird geerntet: Pflücken Sie nur die Früchte, die Ihnen vollreif scheinen.
Zubereitung: Ziehen Sie die etwas bittere Haut ab, halbieren Sie die reife Frucht mit dem Messer und entfernen Sie die Kerne. Tamarillos passen zu Fleischgerichten, werden zu Konfitüre verarbeitet, in Fruchtsalaten und Kompott. Sie lassen sich auch einkochen. Man kann die Frucht außerdem wie Kiwis mit dem Löffel essen. Auch kann man leckere Chutneys herstellen und Saucen mit Peperoni. Allerdings haben sie einen Nachteil: Man darf nur die reifen Früchte nehmen. Wie bei allen Nachtschattengewächsen sind die grünen Früchte giftig.

Gut zu wissen

Eine interessante Pflanze, die man wie Zitrus-Arten kultiviert und die der Küche eine exotische Note verleiht.

Kleine Tipps

Sie können mit dem Anbau beginnen, indem Sie die Samen aus Früchten verwenden, die Sie im Obstgeschäft gekauft haben.

Kapstachelbeere

Volkstümlicher Name: Physalis, Andenkirsche, Blasenkirsche, Kapstachelbeere, Peruanische Judenkirsche, Lampionblume.
Botanischer Name: *Physalis peruviana*. Familie: Solanaceae.

Die Lampionblume ist sowohl eine Zierpflanze als auch Fruchtgemüse. Sie ist besser bekannt als Kapstachelbeere und lässt sich recht leicht kultivieren. Im Spätsommer kann man ihre wohlschmeckenden Früchte ernten. Der wissenschaftliche Name ist dem Griechischen *phusalis* entlehnt, was wörtlich ‚Blase' bedeutet und sich auf die Form der Hüllblätter bezieht. Die Pflanzen wachsen strauchförmig mit verästelten Trieben, die bis zu 1,5 m hoch werden können. Sie tragen große, behaarte, herzförmige Blätter. Die Blütezeit beginnt im Mai und kann bis zum ersten Frost andauern. Die Blüten haben eine glockenähnliche Form und sind gelb mit schwarzen Flecken. Ihre reifen Früchte besitzen einen hohen Gehalt der Vitamine A, B, C und liefern auch Beta-Carotin.

Anbau

Pflanzung: Die krautige Staude wird meistens in unseren Gemüsegarten aufgrund der mangelnden Winterhärte wie eine einjährige Pflanze kultiviert. Als entfernte Cousine der Tomate wird sie erst nach den Eisheiligen im Mai nach draußen gesetzt. Pflanzen Sie die Individuen im Abstand von einem Meter und schneiden Sie die Spitzen ab, wenn Ihre Pflanzen nur einen Trieb haben, damit sie sich verzweigen.
Standort: Sonnig, in gut entwässernden, humusreichen Böden.
Winterhärte: Zwar eine Staude, aber bei uns nicht winterhart. Wenn Sie Ihre Pflanzen überwintern möchten, dann stellen Sie sie frostfrei in einer verglasten Veranda oder einem Kaltgewächshaus auf. So überstehen sie den Winter.
Pflege: In der heißen Jahreszeit gießen, den Boden mulchen, um ihn feucht-frisch zu halten und nicht jäten zu müssen.
Schädlinge: Bei Physalis gibt es keine Schädlinge. Im Gegensatz zur Tomate kommt es auch nicht zu Mehltaubefall oder Vogelfraß. Die Vögel sehen die Früchte in ihren Hüllen nicht.
Vermehrung: Aussaat von selbst gesammeltem Samen ist am einfachsten. Nehmen Sie eine Kiste mit Anzuchterde und säen Sie im März. Es dauert 14 Tage bis zum Keimen. Sobald sich die ersten Blättchen bilden, pikieren Sie die Sämlinge in kleine Töpfchen und warten die Pflanzzeit im Freiland ab. Oft gehen auch Samen von selbst im Gemüsegarten wieder auf.
Ernte: Die Früchte werden ab August bis zum ersten Frost geerntet.

Verwendung

Was wird geerntet: Die von einer kleinen Laternenhülle geschützten Früchte werden bei Vollreife gepflückt (wenn die Hülle beige ist).
Zubereitung: Frisch gepflückt verzehrt man die Früchte roh, als Obstsalat, zubereitet als Marmelade oder als Beilage zu Fleisch wie Backpflaumen.

Gut zu wissen

Leicht zu kultivieren, sogar auf dem Balkon. Die Kapstachelbeere wird gewöhnlich wie eine einjährige Pflanze angebaut, man kann sie aber auch mehrere Jahre halten, wenn man sie bei 14 bis 16 °C geschützt überwintert.

Kleine Tipps

Schmelzen Sie Schokolade, öffnen Sie die Hülle vorsichtig und tauchen Sie die Früchte zu zwei Drittel in die flüssige Schokolade, abkühlen lassen und fertig ist eine Delikatesse. Warten Sie, bis die Früchte zum Verzehr richtig reif sind, sonst könnten sie sauer sein.

Melonenbirne

Volkstümlicher Name: Melonenbirne, Pepino.
Botanischer Name: *Solanum muricatum*. Familie: Solanaceae.

Die Melonenbirne ist ein Busch mit großen, eiförmigen Früchten von etwa 14 cm Länge mit violetten Streifen. Als enger Verwandter der Aubergine baut man ihn ähnlich wie Tomaten an. Die Früchte müssen völlig ausgereift sein, bevor man sie verzehren kann. Sie sind saftig und haben einen melonen-ähnlichen Geschmack. Man kultiviert die Pflanze am besten im Kübel oder im geheizten Gewächshaus wie eine mehrjährige Staude, in Südeuropa kann man sie auch im Freiland anbauen. Die Früchte sind reich an Vitamin C.

Anbau

Pflanzung: Diese Staude ist in unseren Breiten nicht winterhart und wird daher am besten in einem großen Kübel kultiviert. Sie wird zwischen 60 und 80 cm hoch und entwickelt einen Durchmesser von bis zu einem Meter.
Standort: Heiß und sonnig, wie ihre Verwandte, die Tomate.
Winterhärte: Ist zwar eine Staude, aber deutschlandweit nicht winterhart. Nach der Ernte im Spätherbst wird die Pflanze geschnitten und zum Überwintern vor Frost geschützt aufgestellt. Wenige Plusgrade genügen.
Pflege: Gießen und mit biologischem Dünger während der Vegetationsphase versorgen, anbinden, wenn die Früchte größer werden, um die Äste von dem Gewicht zu entlasten.
Schädlinge: Anders als bei Tomaten gibt es bei der Melonenbirne keine Probleme mit Mehltau und auch sonst nichts Erwähnenswertes. Aus diesem Grund erhielt die Pflanze auch eine Auszeichnung anlässlich der Pflanzentage von Courson im Oktober 1993.
Vermehrung: Die Melonenbirne lässt sich fast nur durch Klone im Frühling vermehren. Man setzt dazu abgeschnittene Grüntriebe in ein Substrat aus Torf und Sand zum Bewurzeln.
Ernte: Ab dem Spätsommer, sobald die orangefarbenen Früchte vollreif sind.

Verwendung

Was wird geerntet: Die Früchte sind das wichtigste bei dieser Pflanze. Man erntet sie ausschließlich vollreif, das heißt, wenn die Schale nach den Reifungsgraden Grün und Cremeweiß mit lila Streifen einen schönen orangefarbenen Ton angenommen hat.
Zubereitung: Wenn man die feine, leicht abzuziehende Schale entfernt hat, verzehrt man die Früchte roh, einzeln oder in gemischten Fruchtsalaten wie man auch gewöhnliche Melonen isst. Man kann sie auch in Scheiben schneiden, kurz braten wie Zucchini und zu Fleischgerichten reichen. Auch lassen sich wunderbar Kompott oder lustige Kuchen für die Kinder daraus machen.

Gut zu wissen

Die Pflanze verdient unsere Aufmerksamkeit, weil sie leicht zu kultivieren ist, großen Ertrag bringt und reich an Vitamin C ist.

Kleine Tipps

Im Herbst oder zum Winter hin abgefallene Früchte kann man zum Ausreifen ans Fenster in die Sonne legen.
Jedes Jahr sollte man Pepinos verwöhnen und die Erde im Kübel austauschen. Stützen rund um die Pflanze empfehlen sich, damit die Ästchen unter dem Gewicht der manchmal reichlich wachsenden Früchte nicht knicken. Verhindern Sie, dass die Früchte den Boden berühren oder mulchen Sie mit einer Kokosschicht. Dadurch bleiben die Früchte unbeschädigt und faulen nicht.

Wald-Erdbeere

Volkstümlicher Name: Kultur-Wald-Erdbeere, Monats-Erdbeere.
Botanischer Name: *Fragaria vesca*. Familie: Rosaceae.

Die Wald-Erdbeere ist eine kleine, Ausläufer bildende Staude, deren wie ein Kleeblatt angeordnete Blätter selten höher als 30 cm aufragen. Auf die kleinen, weißen Blüten folgen kleine Erdbeeren von unvergleichlichem Geschmack. Wald-Erdbeeren sind wundervolle Bodendecker in einem Stauden- oder Zierbeet. Die Früchte haben einen hohen Gehalt an Tannin, Polysacchariden und Vitaminen der Gruppen A, B und C sowie Eisen.

Anbau

Pflanzung: Im Frühling, wenn der Boden wieder gut getrocknet ist, setzt man die Pflanzen im Abstand von 25 cm nach allen Richtungen.
Standort: Sonnig. Halbschatten eignet sich aber auch, sofern es dort kühl ist und der Boden nährstoffreich.
Winterhärte: Ausgesprochen winterhart.
Pflege: Um den Aufwand möglichst gering zu halten, mulchen Sie mit einer 5 cm dicken Schicht Kakaoschalen. Dadurch drängen Sie Unkraut zurück und der Boden bleibt frisch.
Schädlinge: Unsere gefiederten Freunde, aber es bleibt sicher genug für Sie zum Ernten.
Vermehrung: Bei den alten Erdbeeren unterscheidet man zwei Kategorien: Kultur-Wald-Erdbeeren, die reichlich Ausläufer bilden und wilde Wald-Erdbeeren, die keine Ausläufer bilden. Bei der ersten Gruppe verwenden Sie die Tochterpflanzen, bei der zweiten Gruppe wird gesät oder der Stock geteilt.
Ernte: Ab Juni bis zum Frost bei den dauerfruchtenden Sorten wie 'Golden Alpine', 'Quarantaine de Prin' und im Juni und Juli bei den anderen Hybriden wie 'Capron'.

Verwendung

Was wird geerntet: Die reifen Früchte, sie sind ein geschmacklicher Hochgenuss.
Zubereitung: Als frische Früchte, Obstsalat, Marmelade, als Belag von Mürbteigtörtchen mit geschlagener Sahne, zu einem guten Glas Rotwein oder in einer Sektschale voller Champagner.

Gut zu wissen

Die Monats-Erdbeeren sind im Vergleich zu den Erdbeeren des Massenanbaus konkurrenzlos. Wild und von selbst wachsend, werden sie Ihnen mit dem Muskat-Aroma einen Hochgenuss bereiten. Und das ist nicht übertrieben. Außerdem sind sie ein beachtlicher Bodendecker.

Kleine Tipps

Im Quadratgarten oder sogar auf dem Balkon liefern Ihnen die Sorten 'Golden Alpine' mit gelben Früchten oder 'Reine des Vallées' den ganzen Sommer hindurch leckeren Nachtisch, den Sie unmittelbar zur Hand haben.

Weiße Ananas-Erdbeere

Volkstümlicher Name: Garten-Erdbeere, Kultur-Erdbeere.
Botanischer Name: *Fragaria* x *ananassa*. Familie: Rosaceae.

Diese nicht rankende Sorte ist ertragreich, wohlschmeckend und farbenfroh. Seit vielen Jahren nicht mehr in den Regalen zu finden, erlebt sie mit dem Aroma von Ananas und süßer Erdbeere derzeit durch den Bedarf der großen Gastronomen ein Comeback. Die mittelgroßen Früchte sind weiß mit einem Hauch von Rosa und duften außergewöhnlich. Über Ihrem Quadratbeet werden Sie tagsüber einen dauerhaften Ananasduft wahrnehmen. Die weiße Kultur-Erdbeere wird im Juni und Juli geerntet. Sie ist sehr süß und besonders reich an Vitamin C. Eine zauberhafte Pflanze für Gemüsegarten, große Kübel oder Hängeampeln.

Anbau

Pflanzung: Praktischerweise wird diese Erdbeere ab August gepflanzt, so wie es die Gemüsebauern früher machten, damit die Pflanzen vor dem Wintereinbruch gut gewurzelt haben.
Standort: Sonnig, aber in südlichen Regionen, wo die Temperaturen stark ansteigen, eignet sich auch eine Stelle im Halbschatten.
Winterhärte: Wenn sie auch in feuchtem Winterwetter dazu neigt, alle Blätter zu verlieren, benötigt sie keinen Winterschutz.
Pflege: Schneiden Sie im Frühling fleckige Blätter ab, entfernen Sie die Ausläufer (neue Pflanzen) sofern es zu viele sind und bringen Sie Mulch aus. Die Früchte bleiben dann sauberer.
Schädlinge: Unsere gefiederten Freunde, auch wenn ihnen die weißen Früchte nicht so ins Auge stechen. Ein einfaches Netz genügt.
Vermehrung: Die langen Triebe produzieren durch natürliches Absenken genügend neue Pflanzen. Wählen Sie die Kräftigsten aus.
Ernte: Von Anfang Juni bis Ende Juli.

Verwendung

Was wird geerntet: Die weißen Früchte mit leicht rotem Schimmer.
Zubereitung: Diese wunderbaren Früchte mit exquisitem Geschmack haben nichts mit den Erdbeeren des industriellen Anbaus gemein. Man genießt sie ohne weitere Zutaten. Im 19. Jahrhundert machte man daraus eine unvergleichliche Marmelade.

Gut zu wissen

Wer diese Erdbeeren nicht verkostet hat, kennt keine guten Früchte. Dieser Schatz hinterlässt den Duft exotischer Aromen im Gaumen. Ein weiterer Pluspunkt ist, dass die Vögel nicht so viele wegfressen, da die weiße Farbe für sie nicht so attraktiv ist wie die der gewöhnlichen roten Früchte. Eine Delikatesse, schon beim Pflücken!

Kleine Tipps

Um den Wuchs von Unkraut zu vermeiden, schränken Sie das Gießen ein. Mulchen Sie mit einer 4–6 cm dicken Schicht aus Stroh oder Hanf. Die weißliche Farbe streut das Licht und begünstigt die Reifung der Früchte.

Kräuter

Afrikanisches Basilikum

Volkstümlicher Name: Ausdauerndes Basilikum, Afrikanisches Basilikum, Baum-Basilikum, Afrikanisches Baumbasilikum.
Botanischer Name: *Ocimum gratissimum*. Familie: Lamiaceae.

Dieses kaum bekannte, ausdauernde Basilikum aus Ostafrika verleiht jedem Gericht ein angenehmes Aroma und kann das ganze Jahr hindurch geerntet werden. Man baut es im Topf oder Blumenkübel an. Es kann mehr als einen Meter hoch werden und ist damit wesentlich größer als das gewöhnliche Basilikum. Die nektarreichen Blüten öffnen sich ab Juni bis zum ersten Frost wie ein rosa-, malven- und veilchenfarbenes Feuerwerk. Man verwendet diese Pflanze wie gewöhnliches Basilikum oder Basilienkraut. Ihre Besonderheiten sind jedoch das Nelken-Aroma und der pfeffrige Geschmack.

Anbau

Pflanzung: Diese Pflanze war im 19. Jahrhundert stärker verbreitet, weshalb man sie in Gartenhandbüchern jener Zeit sieht. Sie verdient auch heute einen Platz in unseren Gemüsegärten. Man baut sie in Töpfen von 20 cm Durchmesser an, die von Mai bis Oktober draußen im Garten, auf der Terrasse oder dem Balkon stehen. Für die restliche Zeit eignet sich ein frostgeschütztes Gewächshaus oder der Wintergarten.
Standort: Wie bei allen Basilikum-Arten, auch den einjährigen, ist Sonne absolut nötig; keine Zugluft und regelmäßig gießen.
Winterhärte: Eine Staude, die hier nicht winterhart ist. Das bedeutet, sie braucht einige Plusgrade zum Überwintern, was in einem Kaltgewächshaus oder einem Wintergarten gut möglich ist.
Pflege: Blüten entfernen, damit die Pflanze reichlich wächst, und Struktur abstützen.
Schädlinge: Dieses Basilikum kennt keine Schädlinge. Gut wäre es aber, die Pflanze im Winter bei günstigen Temperaturen nach draußen zu bringen, um Fäulnis zu verhindern.
Vermehrung: Durch Stecklinge, die man im März/April durch Abschneiden junger Triebe von etwa 10 cm Länge gewinnt. Sie werden büschelweise in kleine Töpfe (8 cm) zum Bewurzeln gesetzt und vor Kälte geschützt.
Ernte: Das ganze Jahr hindurch nach Bedarf. Im Laufe der Jahre entwickelt sich die Pflanze zu einem Strauch, sofern sie frostgeschützt überwintert.

Verwendung

Was wird geerntet: Blätter.
Zubereitung: Wie die anderen Basilikum-Arten.

Gut zu wissen

Diese Pflanze ist ideal für die Freunde von Basilikum, die das ganze Jahr hindurch ernten möchten. Wahrscheinlich wurde die Art aus diesem Grund während der Pflanzenschau von Courson im Oktober 2014 mit einem Preis ausgezeichnet. Es gibt eine weitere Art mit purpurfarbenen Blättern und intensiv duftenden rosafarbenen Blüten – *Ocimum kilimandscharicum* x *basilicum purpurascens* – die den Preis schon im Oktober 2011 in Courson erhielt.

Kleine Tipps

Bevor Sie Ihren Basilikumtopf im Herbst hereinholen, schneiden Sie alles überschüssige Blattwerk ab und trocknen Sie die Blätter im Schatten. Dann stellen Sie den Topf einige Tage in die Sonne, um gefährliche Pilze abzutöten.

Sie können die Blüten zum Aromatisieren von Speiseölen verwenden.

Basilikum macht Saucen vollmundig und gibt ihnen den letzten Schliff, sofern Sie es am Ende der Garzeit in warmen Gerichten beifügen. Beim Kochen verliert es seine Eigenschaften.

Ananas-Salbei

Volkstümlicher Name: Ananas-Salbei oder Honigmelonen-Salbei. Botanischer Name: *Salvia elegans* (auch: *Salvia rutilans*). Familie: Lamiaceae.

Ananas-Salbei ist ein ursprünglich aus Mexiko stammender, duftender Salbei, dessen Geruch an Ananas-Aromen erinnert. Die strauchähnliche Staude kann über zwei Meter hoch wachsen. Ihre blassgrünen Blätter sind relativ groß und von einem Flaum überzogen. Die zahlreichen Blüten sind röhrenförmig und haben eine leuchtend rote Farbe. Man kann diesen Salbei im Kübel auf dem Balkon oder in einer Ecke des Kräuter- und Gemüsegartens anbauen. Er verträgt auch Küstenklima. Sie sollten unbedingt schmackhafte Tees aus dieser Pflanze aufbrühen.

Anbau

Pflanzung: Von Südfrankreich einmal abgesehen, wo man ihn schon im Herbst pflanzt, sollte er in unseren Breiten im April ins Freiland gesetzt werden.
Standort: Sonnig, auf durchlässigen Böden, die durchaus kalkhaltig sein dürfen; am besten auf der Südseite einer Mauer, die nachts als Heizung fungiert und ihre Wärme abstrahlt.
Winterhärte: Diese Salbei-Art benötigt im Winter Schutz durch eine dicke Schicht Stroh, Blätter oder China-Schilf. Derart geschützt und dazu in wasserdurchlässigem Boden, übersteht Ananas-Salbei den Winter problemlos.
Pflege: Im Sommer gießen und den Boden mit Leinstroh mulchen, um ihn kühl zu halten. Beim ersten Frost die Pflanze um ein Drittel kürzen und den Winterschutz über die Wurzel decken. Der jährliche Rückschnitt erfolgt erst nach dem Winter im März.
Schädlinge: Keine Schädlinge.
Vermehrung: Durch Stecklinge im Frühling, wie bei anderen Salbei-Arten. Noch einfacher ist es, nach zwei Jahren im Spätwinter beim Rückschnitt den Wurzelballen mit dem Spaten zu teilen.
Ernte: Die Blätter werden durch die gesamte schöne Jahreszeit hindurch gepflückt, die Blüten von August bis zum Frost.

Verwendung

Was wird geerntet: In erster Linie die Blätter, die Blüten eignen sich zudem als Garnitur von Speisen oder gemischten Sommersalaten. Man kann sie im Eiswürfelbereiter auf Vorrat halten.
Zubereitung: Ernten Sie die Blätter je nach Bedarf. Sie sind in kalten Salaten, Obstsalaten oder für exotische Gerichte mit Schweinefleisch, Ente, Kalb oder süß-sauren Speisen zu verwenden. Sie sind auch Zutat in verschiedenen wohltuenden Kräutertees. Man kann sie für den Wintervorrat auch an einem Licht geschützten Ort trocknen lassen.

Die Varietät Salvia elegans *'Tangerine' ist eine enge Verwandte des Ananas-Salbeis. Ihre Blätter sind etwas stärker gerundet, die Verwendung aber identisch.*

Gut zu wissen

Diese Pflanze ist sehr dekorativ und bringt in einer Übergangszeit bunte Blütentupfen in den Garten, zudem wird sie zum Kochen sehr geschätzt.

Kleine Tipps

Stellen Sie im Sommer aus gründlich gewaschenen Blüten ein Gelee her. Es passt zu warmem Hefegebäck oder zum Aromatisieren von Fleischgerichten.

Bärlauch

Volkstümlicher Name: Bärlauch oder Bär-Lauch.
Botanischer Name: *Allium ursinum*. Familie: Alliaceae.

Bärlauch oder Wilder Knoblauch ist seit der Antike für seine außergewöhnlichen Eigenschaften als Heilmittel bekannt. Den ursprünglich in Asien heimischen Bärlauch sollte man eigentlich im Spätwinter verzehren. Seine Wirkstoffe sind mit jenen des gewöhnlichen Knoblauchs identisch, doch die Konzentration ist höher. Er wirkt abführend, antiseptisch, senkt den Blutdruck und macht schlank. Die weiß blühende Wildpflanze zählt zu den Zwiebelpflanzen und vermehrt sich leicht von selbst an schattigen Standorten mit frischen Böden. Sie kann eine Höhe von 50 cm erreichen und ihre hellgrünen, glänzenden Blätter ähneln stark denen der Maiglöckchen.

Anbau

Pflanzung: Im Frühling pflanzen, sobald die Vegetation sich ausreichend entfaltet hat. Pflanzabstand von 30 cm rundum einhalten, der Boden sollte wasserdurchlässig, leicht und humusreich sein.
Standort: Schatten oder Halbschatten, die Pflanze wächst bevorzugt im Unterholz, ist in vielen Regionen Deutschlands endemisch, bildet dort große Kolonien und im Frühling einen weißen Blütenteppich.
Winterhärte: Die Vegetationsphase der Pflanze fällt auf Ende Februar bis Juni. Sie übersteht winterlichen Frost gut, weil dann die Zwiebeln in Vegetationsruhe fallen.
Pflege: Während des Wachstums gießen und Unkraut jäten, ohne die unterirdischen Zwiebeln zu beschädigen.
Schädlinge: Dieser Knoblauch kennt keine Schädlinge, der schwefelige Geruch hält Parasiten fern.
Vermehrung: Sät sich in Garten und Wäldern von selbst aus, die Teilung der Wurzeln ist für Amateurgärtner aber einfacher. Sie erfolgt im Juni, wenn die Vegetationspause einsetzt.
Ernte: Die Ernte von Blättern und Blüten erfolgt im Frühling. Nach einigen Jahren kann man auch die unterirdischen Zwiebelchen ausgraben. Die Pflanze verbleibt 5–10 Jahre am Standort und vermehrt sich durch Samen.

Verwendung

Was wird geerntet: Bei Bärlauch kann man alle Pflanzenteile verwenden. Und niemand irrt, der ihn schon zum Ende des Winters hin verzehrt, um sich von der dunklen Jahreszeit zu erholen.
Zubereitung: Fein gehackte Blätter sind ein wunderbares Gewürz in Rohkostsalaten, die weißen Blüten sind Garnitur und die Zwiebeln verwendet man wie normalen Knoblauch. Sie werden zu Tinkturen, Sirup, Abkochungen und Breiumschlägen verarbeitet. Auszüge werden als Einreibung bei Rheuma, aber auch zur Luftdesinfektion genutzt. Zerdrückte Knollen des Bärlauchs lassen Hühneraugen, Schwielen und Warzen verschwinden.

Gut zu wissen

Bärlauch genießt derzeit in der Küche einen starken Zuwachs an Popularität, den er aufgrund seiner nützlichen Eigenschaften durchaus verdient hat. Einigen Quellen zufolge soll Bärlauch auch gegen Grippe und einige Viruserkrankungen hilfreich sein.

Kleine Tipps

Bauen Sie Bärlauch lieber selbst an, weil man seine Blätter in der freien Natur mit denen des Maiglöckchens verwechseln könnte. Diese sind sehr giftig, riechen aber nicht nach Knoblauch, wenn man sie zerreibt.

Currystrauch

Volkstümlicher Name: Currystrauch, Currykraut.
Botanischer Name: *Helichrysum italicum*. Familie: Asteraceae.

Der ursprünglich im Mittelmeergebiet heimische Currystrauch ist eine kleine, wie eine dichte Kugel wachsende Staude mit intensivem Currygeruch. Die immergrünen Blätter mit Silberschimmer erinnern entfernt an Lavendel. Im Sommer ist der Busch von einem Feuerwerk kleiner gelber Blütendolden überzogen. Trotz der geografischen Herkunft ist die Pflanze ziemlich winterhart. Sie übersteht Temperaturen bis −10 °C, solange der Boden nicht zu stark verdichtet und feucht ist. Aus dem Currystrauch wird ein Öl gewonnen, das im Medizinschrank des guten Gärtners nicht fehlen darf. Es empfiehlt sich bei Kreislaufbeschwerden, Entzündungen oder Hämatomen, die man sich manchmal im Garten holen kann.

Anbau

Pflanzung: Wird im Frühling im Freiland in durchlässige, sogar steinige Böden gesetzt.
Standort: Warm und sonnig, gerne an der Südseite einer Mauer. Der Currystrauch verträgt auch leicht kalkhaltige Böden und eignet sich ganz besonders für leichte Hänge mit Kalkstein oder steinige Böden.
Winterhärte: Bis −10 °C, vor allem wenn das Substrat gut abtrocknet. Wenn es kälter wird, sollte man die Wurzeln mit einer dicken Schicht (10 cm) aus Leinstroh oder China-Schilf bedecken.
Pflege: Während der heißen Jahreszeit gießen; nach der Blüte kräftig zurückschneiden, damit die Pflanze ihren kompakten Wuchs behält.
Schädlinge: Keinerlei Schädlinge.
Vermehrung: Durch Stecklinge, die man im Frühling aus frischen Trieben zieht. Sie werden etwa 20 Tage lang in einer Plastikfolie luftdicht abgeschlossen. Nach drei Jahren kann man auch im Herbst den Wurzelstock teilen.
Ernte: Bei dieser Pflanze wird das Grün nicht gegessen, es dient ausschließlich als Gewürz und kann das ganze Jahr über geerntet werden. Die Pflanze kann mehr als 10 Jahre am Standort bleiben.

Verwendung

Was wird geerntet: Blätter werden frisch oder getrocknet zum Würzen verwendet, die Blüten kann man in Potpourris mischen.
Zubereitung: Das Gewürz passt wunderbar zu Geflügel, es gibt dem Reis, Fisch oder Geflügel ein angenehmes Aroma. Man verwendet es ähnlich wie Thymian, wobei es vorsichtig dosiert werden sollte, da es sehr intensiv duftet. Aus diesem Grund empfiehlt es sich, erst am Ende der Garzeit damit zu würzen.

Gut zu wissen

Die Pflanze kann auch im Kübel auf der Terrasse angebaut werden und ist eine hübsche, sonnige Dekoration. Am besten vermehrt man Currykraut durch Stecklinge im Frühling oder im August, indem man die blütenlosen Triebe verwendet.

Kleine Tipps

Wenn man das nektarreiche Currykraut ins Gemüsebeet pflanzt, hat es großen Nutzen für die Bestäubung des Gemüses. Man kann die Blüten auch leicht trocknen und daraus hübsche Sträuße binden.

Deutscher Estragon

Volkstümlicher Name: Deutscher Estragon.
Botanischer Name: *Artemisia dracunculus*. Familie: Asteraceae.

Estragon ist eine krautige Staude aus den zentralasiatischen Steppengebieten und wurde durch die Kreuzzüge in Europa eingeführt. Seinerzeit verwendete man sie gegen Schlangenbisse. Diese alte Sorte des aromatischen Estragons ist robuster als der feine französische Estragon (*A. dracunculus* var. *sativa*) und gedeiht ausdauernder im Garten. Sie kann über einen Meter hoch aufwachsen und wirkt Wunder auf dem Speiseplan, weil sie reich an Vitamin A und B ist.

Anbau

Pflanzung: Estragon ist Teil einer Gattung mit zahlreichen Sorten und eine mustergültige ausdauernde Pflanze. Er benötigt tiefgründigen, gut dränierten, humusreichen Boden. Man pflanzt ihn ab Herbst in Form von Containerpflänzchen oder man teilt eine mindestens zwei Jahre alte Staude.
Standort: Sonne oder Halbschatten, nicht zu nah an anderen Pflanzen, weil die Wurzel dieses Estragons rasch wächst.
Winterhärte: Diese sehr alte Kultursorte, die einst in den deutschen Klostergärten angebaut wurde, ist beispiellos robust und überrascht auch dort, wo man den französischen Estragon gewöhnlich im Frühling nicht wieder findet.
Pflege: Putzen Sie die Pflanze während des Winters aus und entfernen Sie trockene Vorjahrestriebe. Verbessern Sie den Boden durch Gabe eines organischen Düngers und während der Vegetationsphase schneiden Sie die zu stark wuchernden Triebe zurück.
Schädlinge: Kein Problem, weil diese Pflanze keine Parasiten kennt.
Vermehrung: Durch Teilung der Wurzel zwischen Herbst und März. Schneiden Sie etwa 10 cm lange Abschnitte der weißen Wurzeln ab und setzen Sie je drei bis vier Stücke in kleine Töpfe, bevor Sie diese im Lauf des Aprils ins Freiland setzen.
Ernte: Von März bis Ende September pflücken Sie die Blättchen direkt für den Verbrauch oder zum Trocknen für den Winter.

Verwendung

Was wird geerntet: Junge Blätter und die Triebspitzen, die man regelmäßig entfernt.
Zubereitung: Man verwendet Estragon zum Einlegen von Gurken, Aromatisieren von Essig, zu gekochtem Fleisch, Fisch und sogar warmem Kartoffelsalat.

Gut zu wissen

Wenn Sie es satt haben, in jedem Frühling neuen Estragon zu setzen, dann ist diese Sorte wie für Sie gemacht. Sie wird bis zu einem Meter hoch.

Kleine Tipps

- Während der sommerlichen Vegetation frische Blätter für den Winter tiefgefrieren.
- Man verwendet die jungen Estragontriebe zum Kochen. Er wird auch zum Lindern von Schmerzen wie Krämpfen oder Zahnschmerzen genutzt.
- Ein Sträußchen Estragon hält sich in einem Wasserglas einige Tage lang im Kühlschrank. Länger kann man ihn im Eisschrank in einer Eiswürfeltüte mit etwas Wasser gemischt aufbewahren.
- Estragon verliert anders als Basilikum auch bei leichtem Köcheln nicht das Aroma.

Echter Sellerie

Volkstümlicher Name: Schnitt-Sellerie, Sellerie.
Botanischer Name: *Apium graveolens*. Familie: Apiaceae.

Echter Sellerie ist eine zweijährige Pflanze von 50 bis 60 cm Wuchshöhe, deren Stängel und Blätter sehr stark duften. In der Küche findet die Art sowohl als Gewürz als auch als Gemüse Verwendung. Er ist kalorienarm und eignet sich daher für Diäten. Blätter und Wurzel wirken abführend, entwässernd und stärkend sowie gegen Blähungen. Sie sind beispielsweise im Winter sehr anregend. Früher schrieb man dem Sellerie auch potenzsteigernde Eigenschaften zu.

Anbau

Pflanzung: Im Herbst in tiefen, humusreichen Boden im Abstand von 80 cm pflanzen. Sellerie lässt sich auch im Quadratbeet anbauen.
Standort: Sonnig, gut entwässernde Böden.
Winterhärte: Echter Sellerie ist sehr winterhart und seine Blätter kann man sogar im Winter ernten.
Pflege: Mit Buchweizen-Häcksel oder (Lein-) Stroh mulchen, Blütenstände regelmäßig entfernen.
Schädlinge: Nicht bekannt.
Vermehrung: Aussaat ist der einzige Weg, Echten Sellerie zu vermehren. Sie erfolgt im Frühling in Anzuchtkästen oder ab Mai direkt im Freiland in gut entwässernden Boden.
Ernte: Man schneidet die Blätter während der schönen Jahreszeit je nach Bedarf ab, ebenso im Winter. Die Pflanze gedeiht 5 Jahre lang am gleichen Ort.

Verwendung

Was wird geerntet: In erster Linie die frischen, jungen Blätter, die sich einige Tage im Kühlschrank halten, aber auch die Stängel und die Wurzel.
Zubereitung: Die jungen Blätter geben Gemüse-Eintöpfen und Suppen einen Geschmack nach Sellerie, sind dabei intensiver als Petersilie und erinnern ein wenig an Liebstöckel. Sie passen auch zum typischen Pot-au-feu oder Rohkostsalaten. Fein geschnitten, kann man sie auch zu Saucen verarbeiten. Die Stängel verzehrt man gegart, mit heller Mehlschwitze, Sahnesaucen oder überbacken als Gratin. Die Wurzel dieses Selleries mit ihrem ausgeprägten, etwas pikanteren Geschmack eignet sich für Pürees oder Remouladen. Getrocknete, zerriebene Blätter lassen sich mit Salz mischen, um eigenes Selleriesalz herzustellen. Dieses Gewürz ist ein vorteilhafter Ersatz für Tafelsalz.

Gut zu wissen

Dieses seit grauer Vorzeit bekannte Gewürzkraut ist kalorienarm, lässt sich roh oder gekocht verzehren und verfeinert unsere Küche wunderbar durch sein Aroma. Außerdem sät es sich meistens von selbst aus.

Kleine Tipps

Setzen Sie den Sellerie neben den Kohl im Gemüsebeet, um die Raupen zu vertreiben. Er verträgt sich auch mit Lauch und Zwiebeln, deren Schädlinge er abschreckt. Im Gegensatz zu Knollen-Sellerie, der sich im Gemüsefach des Kühlschranks einige Tage hält, ist der Echte Sellerie empfindlicher. Es empfiehlt sich, die Stängel mit der Schnittfläche in ein Glas mit gekühltem Salzwasser zu stellen.

Jamaica-Thymian

Volkstümlicher Name: Jamaica-Thymian, Spanischer Thymian, Mexikanischer Oregano, Kubanischer Oregano.
Botanischer Name: *Plectranthus amboinicus*. Familie: Lamiaceae.

Jamaica-Thymian ist, wie der Name schon sagt, auf den Antillen verbreitet und muss in unseren Breiten im Topf kultiviert werden. Ursprünglich in Asien und Afrika beheimatet, sieht dieser Thymian ganz anders aus als jener, den wir kennen, die Aromen gleichen sich jedoch auf perfekte Weise. Jamaica-Thymian hat große, fleischige Blätter und bildet lange Ranken aus, die ohne Schnitt bis zu 3 Meter Länge erreichen. Man zieht ihn am besten an einem Gerüst, um etwas von den langen Ranken zu haben. Er wächst auf trockenen, sogar kargen Böden. Man verwendet ihn zur Verdauungsförderung, und die Blätter beruhigen wirksam Insektenstiche.

Anbau

Pflanzung: In unseren Breiten eine Pflanze für den Pflanztopf mit wasserdurchlässigem Substrat. Während der schönen Jahreszeit von Mai bis September sollte Jamaica-Thymian draußen einen sonnigen Platz finden. Sobald die Temperaturen sich abkühlen (unter 12 °C), holen Sie den Topf in die Küche oder den Wintergarten.
Standort: Sonnig, Zugluft vermeiden.
Winterhärte: Da diese Pflanze aus den Subtropen Afrikas und Asiens kommt, ist sie nicht winterhart. Sie muss vor Frost geschützt und hell überwintern.
Pflege: Im Sommer wegen des üppigen Wuchses regelmäßig schneiden, dann bleibt die Pflanze schön kompakt. Während Wärmeperioden gießen, im Winter nur sehr wenig wässern.
Schädlinge: Für diese Art sind keine Schädlinge bekannt.
Vermehrung: Durch Ableger. Schneiden Sie im Sommer 10 cm lange Triebspitzen ab und pflanzen Sie sie in eine Mischung aus Anzuchterde und Sand. In der schönen Jahreszeit bewurzeln sich die Triebe innerhalb von 14 Tagen, während man sie regelmäßig mit Wasser besprüht.
Ernte: Pflücken Sie die gesamte schöne Jahreszeit hindurch die Blätter. Im Winter kann die Ernte an einem frostgeschützten Standort (Küchenfenster oder Glasveranda) weitergehen.

Verwendung

Was wird geerntet: Blätter, ganzjährig, je nach Bedarf.
Zubereitung: Jamaica-Thymian wird für Gemüsesuppen, Fleischgerichte oder Fisch verwendet, also überall, wo Sie gewöhnlichen Thymian auch zufügen würden. Das Würzkraut wird gegen Ende der Kochzeit beigegeben und lässt das Aroma der Antillen wach werden.

Weißbunter Jamaica-Thymian

Gut zu wissen

Diese Pflanze ist wegen ihrer im Vergleich zum normalen Thymian kräftigeren Würze interessant und ist in Europa vor allem bei den ehemaligen Inselbewohnern beliebt. Man kann geschmacklich auch eine Spur Majoran entdecken.

Kleine Tipps

Bei üppigem Wuchs während des Sommers sollten Sie reichlich Blätter ernten und diese im Schatten trocknen, zur Verwendung als Wintervorrat.

Kleiner Wiesenknopf

Volkstümlicher Name: Kleiner Wiesenknopf, Pimpernell, Pimpinelle, Gartenbibernelle. Botanischer Name: *Sanguisorba minor*. Familie: Rosaceae.

Der Kleine Wiesenknopf ist ein ausdauerndes Wildkraut, das durch Samen und Wurzeln fortbesteht. Es ist quasi unmöglich, die Kultur im Garten zu verderben. Leider ist die Pflanze aus den Lebensmittelregalen verschwunden. Vor 15 Jahren gehörten die hübschen, rundlichen, gezähnten Teilblättchen noch in unsere gemischten Sommersalate. Und wer trägt die Schuld daran? Die Petersilie! Es ist also höchste Zeit, dass sich der Wiesenknopf wieder im Garten etabliert. Er sieht im Gemüsegarten oder im Ziergarten gleichermaßen zauberhaft aus. Man kann ihn auch im Topf auf dem Balkon oder der Terrasse kultivieren. In den Gemüsegärten des 17. Jahrhunderts stand er wegen der erwiesenen Heilkräfte oft zusammen mit Frauenmantel. Die Pflanze besitzt verdauungsfördernde und anregende Kräfte. Reich an Vitamin C, wirkt sie Wunder in vielen Speisen.

Anbau

Pflanzung: Pflanzung ab Herbst, wenn der Boden im Gemüsegarten wasserdurchlässig ist, dann kann man im Frühling zeitig ernten. Als reiche Quelle für Blättchen ist Pimpernell im Quadratbeet unentbehrlich.
Standort: In den meisten Regionen unserer Breiten verträgt der Pimpernell sonnige Lagen, ansonsten eher im Halbschatten anbauen, dann muss man weniger gießen.
Winterhärte: Problemlos, Pimpernell übersteht die Härte des Winters sehr gut.
Pflege: Hin und wieder etwas Wasser und ordentlich schneiden, das liebt diese Pflanze.
Schädlinge: Eigentlich gibt es keine Probleme. Im Spätsommer könnte zuweilen Rost auf den Blättern erscheinen, der nicht einmal mit einer Jauche gesprüht werden muss. Es genügt, die Blätter zu entfernen und zum Restmüll zu geben, nicht kompostieren.
Vermehrung: Aussaat im Frühling, kann mancherorts auch von selbst erfolgen. Im Herbst kann man die Pflanze zur rascheren Vermehrung auch in drei bis vier Stücke teilen, weil sie unterirdische Wurzelausläufer bildet. Jedes Teilstück sollte bewurzelt sein.
Ernte: Die Blätter werden ganzjährig geerntet. Je mehr man die Pflanze schneidet, desto schöner wächst sie und dankt es durch zarte, duftende Blättchen.

Verwendung

Was wird geerntet: Die fein gezähnten Blättchen werden ganz nach Bedarf gezupft.
Zubereitung: Blättchen wie Schnittlauch in feine Streifen schneiden und unter Rohkost und Salate mischen. Sie geben den Speisen ein Aroma von Haselnuss und Gurke. Sie passen auch zu Pfannkuchen, würzen Vinaigrette und sollten auch Gemüsesuppen beigegeben werden. Besonders lecker ist Pimpernell zusammen mit Frischkäse und Mayonnaisen. Als Gewürzkraut steht es mit Schnittlauch, Estragon, Rosmarin oder Kerbel auf Du und Du. In der berühmten Frankfurter Grünen Soße darf Pimpernell nicht fehlen und weil er so hübsch ist, verziert er auch sommerliche Cocktails und Nachspeisen.

Gut zu wissen

Diese Pflanze kann problemlos über Jahre hinweg Ihre Speisen würzen und der Gehalt an Vitamin C ist ein weiterer, beachtlicher Pluspunkt.

Kleine Tipps

Im Garten ist der nektarreiche Pimpernell ein wichtiger Verbündeter, weil dadurch nützliche Insekten zur Bestäubung der Kulturen angelockt werden. Nutzen Sie ihn zur Beeteinfassung, denn er verhindert auch die Erosion.

Liebstöckel

Volkstümlicher Name: Liebstöckel, Maggikraut.
Botanischer Name: *Levisticum officinale*. Familie: Apiaceae.

Liebstöckel, oder auch Maggikraut, gehört zu den Kräutern, die man unbedingt im Garten oder auf dem Balkon haben sollte. Einmal gesät, wollen Sie es nicht mehr missen. Das Blatt ist stark gezähnt und ähnelt dem Sellerie. Zerreibt man es, verströmt es einen intensiven Geruch und der Duft von frischem Sellerie durchzieht die Luft. In der Schweiz und in Deutschland bekam die Pflanze nach den Brühwürfeln der berühmten Marke den Beinamen Maggikraut. Liebstöckel wird wie Staudensellerie roh oder gekocht verzehrt. Es enthält eine große Portion Vitamin C und natürliche, essenzielle Öle, die sowohl in der Gastronomie als auch bei der Herstellung von Duftstoffen geschätzt werden, unter anderem Kumarin.

Anbau

Pflanzung: Von Herbst bis Frühling, in tiefe, humusreiche Böden mit einem Pflanzabstand von 80 cm nach allen Seiten.
Standort: Bevorzugt sonnig, und man sollte viel Platz einplanen, weil die Pflanze einen Meter hoch werden kann und ebenso viel in der Breite beansprucht.
Winterhärte: Ursprünglich in den Bergen Asiens heimisch, ist Liebstöckel sehr robust. Die Blätter verschwinden völlig, erscheinen im Frühling aber wieder.
Pflege: Man sollte die Blütentriebe zugunsten des Blattwuchses abschneiden und rund um die Staude mulchen, damit der Boden frisch bleibt. Im Frühling düngt man mit organischem Mist.
Schädlinge: Diese Pflanze ist wirklich problemlos, Schädlinge sind nicht bekannt.
Vermehrung: Liebstöckel wird durch Samen im Sommer unmittelbar nach deren Reife im Freiland vermehrt. Man kann es auch in Kästen mit Anzuchterde im Frühling treiben und dann in Töpfe pikieren. Im Herbst werden diese Pflanzen dann in den Garten gesetzt.
Ernte: Von Ende Februar bis in den Herbst.

Verwendung

Was wird geerntet: Blätter.
Zubereitung: Es wird roh zu Rohkost verwendet oder gekocht zum Würzen von Fleisch, Gemüsesuppen, Saucen oder Eintopfgerichten. Große Fans brühen daraus einen Aufguss, der wegen seiner schlank machenden, belebenden und die Verdauung anregenden Eigenschaften geschätzt wird. Die Samen werden gerne in Marinaden und Gebäck verwendet. Streng beachten sollte man aber, dass Schwangere es nicht verzehren dürfen.

Gut zu wissen

Sie können diese große Gewürzpflanze auch in einem naturnahen Ziergarten setzen, wo die hübschen gelben Blütendolden im Sommer wunderbar aussehen. Liebstöckel kann auch platzsparend angebaut werden, wenn man den Wuchs einschränkt und dazu die Blätter regelmäßig schneidet.

Kleine Tipps

Die Blätter wachsen im Sommer üppig, also regelmäßig zum Trocknen (lichtgeschützt) abschneiden oder als Wintervorrat in den Gefrierschrank legen.

Mitsuba

Volkstümlicher Name: Japanische Petersilie.
Botanischer Name: *Cryptotaenia japonica*. Familie: Apiaceae.

Mitsuba ist eine Gewürzpflanze oder ein Gemüse, das man zuweilen auch Japan-Petersilie nennt. Es handelt sich um eine Staude, die in Deutschland vor Kälte geschützt werden muss. Man kann sie wunderbar im Kübel anbauen und in der schönen Jahreszeit nach draußen stellen. Ideal ist auch der Balkonkasten oder ein halbschattiger Platz im ausdauernden Gemüsegarten. Die Blätter werden von Juni bis Oktober geerntet. Geschmacklich gleicht Mitsuba der Gelbdolde.

Anbau

Pflanzung: Mitsuba sieht wie unsere Petersilie aus und gedeiht gleichermaßen im Garten wie im Kübel auf dem Balkon. Setzen Sie diese Art im Frühling und wenn Sie viel verzehren möchten, dann am besten gleich vier oder fünf Individuen. So ist immer etwas zum Abschneiden zur Hand.
Standort: Bevorzugt Halbschatten, der Boden sollte wie für jede Petersilie durchlässig und reich an organischen Stoffen sein.
Winterhärte: Kein Problem mit der Winterhärte, unter Minusgraden von −8 °C zum Schutz mit Lein- oder Buchweizenstroh bedecken.
Pflege: Während heißer Tage gießen und regelmäßig die Blüten entfernen, damit die Wuchskraft in die Blätter geht.
Schädlinge: Von Nacktschnecken, die man durch natürlichen Mulch fernhalten kann, einmal abgesehen, gibt es nichts, was beunruhigend wäre.
Vermehrung: Einfache Vermehrung durch Samen, diese sind aber nicht leicht im Handel zu finden. Im April zieht man eine etwa 5 cm tiefe Rille und sät einzeln mit wenigen Zentimetern Abstand. Mit feiner Erde bedecken und leicht andrücken. Bis zum Keimen kann es 20 Tage dauern. Nach einigen Jahren kann man auch die Stöcke teilen.
Ernte: Sobald die Pflanze wieder kräftig Blätter treibt, also von April an, bis zum Frost. Länger, wenn man die Pflanzen im Gewächshaus überwintert.

Verwendung

Was wird geerntet: Blätter.
Zubereitung: Sie werden roh als Würzkraut zu Rohkost und Salaten gereicht oder in Gemüsesuppen, zu Fleisch oder Eintopf gekocht.

Gut zu wissen

Diese in der asiatischen Küche ausgiebig verwendete Petersilie hat einen Platz in unserer Kräuterecke verdient.
Mitsuba ist reich an Kalium und Eisen und liefert auch Vitamin A. Sie wird in einem japanischen Gericht namens *chawan mushi* verwendet, dem berühmten salzigen Puddingkuchen.

Kleine Tipps

Ernten Sie das Saatgut selbst, indem Sie zwei oder drei Pflanzen den Sommer hindurch blühen lassen.

Peruanischer Salbei

**Volkstümlicher Name: Peruanischer Salbei, Andensalbei.
Botanischer Name: *Salvia discolor*. Familie: Lamiaceae.**

Peruanischer Salbei ist eine ausdauernde Staude mit silbrig-grünen Blättern und dem dezenten Geruch nach Schwarzen Johannisbeeren. Die auberginen-farbenen Blüten bringen Ihren Staudengarten besonders zur Geltung. Man sollte diesen Salbei auch in den Nutzgarten setzen, weil er nektarreich ist und dadurch umstehenden Pflanzen Nutzen bringt. In frostgefährdeten Regionen sollte man diesen Salbei als Kübelpflanze kultivieren und im Winter bei Temperaturen zwischen 1 °C bis maximal 10 °C geschützt überwintern. An Küstenklima gewohnt, verträgt die Pflanze auch Wind und hohe Luftfeuchtigkeit.

Anbau

Pflanzung: Mit Ausnahme von Regionen ohne Minusgrade, wo man ihn ins sonnige Freilandbeet setzen kann, ausschließlich in Topfkultur.
Standort: Heiß, sonnig, in durchlässigem Substrat mit viel Humus.
Winterhärte: Ursprünglich in Mittelamerika heimisch, verträgt dieser Salbei unsere Winter im Freien gar nicht. Er sollte in ein frostfreies Gewächshaus, Wintergarten oder Orangerie umziehen.
Pflege: Nach dem Winter, im März, stark zurückschneiden, um den Wurzelballen zu regenerieren und niemals übermäßig gießen.
Schädlinge: Keine vorhanden.
Vermehrung: Durch Stecklinge aus zarten Jungtrieben im Frühling. Nach drei oder vier Jahren auch durch Teilung des Wurzelballens.
Ernte: Die Blätter werden die gesamte schöne Jahreszeit hindurch geerntet, die Blüten von Juni bis zum Frost.

Verwendung

Was wird geerntet: Die Blätter, zu Fleischgerichten, Fisch und mehr. Die Blüten verwendet man als Garnitur für Gerichte oder in gemischten Sommersalaten.
Zubereitung: Mit den fein gehackten Blättern aromatisiert man Saucen zu Fleisch und Wild. Man kann sie aber auch für Desserts und Obstsalate verwenden. Dazu muss man die Blätter ganz fein schneiden, weil sie härter als beispielsweise Ananas-Salbei sind.

Gut zu wissen

Die Zubereitung von Blüten in der Küche geht auf die Antike zurück und verschmilzt vor allem im Mittelalter eine Zeitlang mit ihrer medizinischen Verwendung. Heute werden Blüten vor allem als Dekoration unserer Gerichte eingesetzt, quasi als Gaumen- und Augenschmaus.

Kleine Tipps

In schönen Pflanztöpfen auf der Terrasse wirkt dieser bezaubernde Salbei mit dunkellila Blüten und glänzenden Blättern den ganzen Sommer hindurch als effektvoller Blickfänger.

Schnitt-Knoblauch

Volkstümlicher Name: Schnitt-Knoblauch, Knolau, Chinesischer Knoblauch. Botanischer Name: *Allium tuberosum*. Familie: Alliaceae.

Schnitt-Knoblauch ist eine mehrjährige Zwiebelpflanze, die wir Ihnen sowohl für den Gemüsegarten als auch für den Ziergarten empfehlen möchten. Er hat hübsche kugelförmige Blütenstände mit kleinen, weißen Blüten. Es handelt sich um eine intensiv riechende Gewürzpflanze, im Geschmack dem Knoblauch ähnlich, aber feiner. Sie hat den großen Vorteil, nicht gelb zu werden. In Hongkong verzehrt man ausschließlich die Stängel, auch mit ungeöffneter Blütendolde. Der Geschmack ist milder und süßlich sowie knackiger. In China wird die Pflanze seit mindestens zweitausend Jahren angebaut. Sie besitzt großen medizinischen Nutzen und ist reich an Vitamin C.

Anbau

Pflanzung: Auspflanzung im Herbst in Reihen mit 50 cm Abstand zwischen den einzelnen Stöcken. Man kann auch im Frühling Samen in 5 cm tiefen Rillen als Einzelsaat ausbringen, so dass alle 15–20 cm eine Pflanze wachsen kann. Mit feiner Erde bedecken und mit der Rückseite des Rechens andrücken.
Standort: Sonnig, wasserdurchlässiger Boden mit großem Humusanteil.
Winterhärte: Sehr winterhart, die Blätter überstehen die meisten Winter immergrün.
Pflege: Gießen, um die Pflanzen herum mulchen, um den Boden frisch und Unkraut fern zu halten.
Schädlinge: Keine bekannt. Nicht einmal die berühmte Zwiebelfliege traut sich an Schnitt-Knoblauch.
Vermehrung: Alle drei Jahre im Herbst die dichten Horste teilen. Man kann aber auch selbst Samen für die Aussaat im folgenden Frühling sammeln.
Ernte: Eigentlich das ganze Jahr hindurch; die Pflanze behält ihre Blätter, sofern die Wintertemperatur nicht unter –8 °C fällt. Die Pflanze kann mehr als 10 Jahre am selben Standort bleiben und sät sich von selbst aus.

Verwendung

Was wird geerntet: Blätter, Stängel und Blüten. Schnitt-Knoblauch kann bis zu 60 cm hoch werden. Neben den flachen Blättern schiebt die Pflanze Stängel mit sternförmigen Blüten, die man als Garnitur für Speisen verwenden kann oder unter Salate mischt.
Zubereitung: Die Blätter werden genauso wie Schnittlauch geschnitten und unter gemischte Salate, Omelette oder Suppe gerührt. Knolau wird in Quiches, zu gegartem Fleisch oder gebratenem Frischgemüse zubereitet. Die Blüten dienen als Dekoration und werden unter Salate gemischt. Getrocknet bindet man sie zu Sträußchen, weil sie hübsch gewachsen sind.

Gut zu wissen

Eine ideale Pflanze, die man die ganze schöne Saison hindurch nutzen kann, auch wenn man nur einen kleinen Gemüsegarten besitzt. In einem Quadratbeet liefert sie Blätter für die Suppe, Würze für Rohkost, das Aroma für die Quiche und zum Abschluss der Mahlzeit ein Gitter für den Käse.

Kleine Tipps

Nutzen Sie die Wuchskraft aus und gefrieren Sie Blätter als Wintervorrat ein, Sie können Knolau auch mit Essig und Gürkchen einlegen.

Süßdolde

Volkstümlicher Name: Süßdolde.
Botanischer Name: *Myrrhis odorata*. Familie: Apiaceae.

Süßdolde ist eine hübsche Wildpflanze, die auf Wiesen und in den Bergen heimisch ist. Sie ist in Höhen über 500 Metern in den Alpen, dem Jura und den Pyrenäen ziemlich stark verbreitet. Manche europäische Landwirte bringen sie gezielt auf Wiesen aus, um die Milchleistung ihrer Tiere zu erhöhen. Es handelt sich um eine der seltenen ausdauernden Duftstauden aus der Familie der Doldenblütler (Apiaceae). Der starke Anisduft wird Sie betören. Man verwendet Süßdolde wegen ihrer Wirkung gegen Blähungen und wegen der anti-rheumatischen, die Heilung fördernden, abführenden, entschlackenden sowie bei Bronchitis und Husten schleimlösenden Eigenschaften.

Anbau

Pflanzung: Süßdolde wird eher im Frühling gepflanzt, wobei sie für den Laien schwierig zu säen ist. Wenn Sie Lust haben, können Sie aber auch im Herbst in lockeren Boden einsäen. Legen Sie die Samen im Abstand von 10 cm, bedecken Sie sie mit Erde und drücken Sie sie leicht an. Frost ist für die Samen unbedingt nötig, damit sie keimen können und im Frühling aufgehen. Wenn die Pflänzchen aufgegangen sind, raten wir vom Umpflanzen ab, weil Süßdolde das gar nicht verträgt.
Standort: Schatten oder Halbschatten, tiefe, humusreiche Böden und ausreichend Platz.
Winterhärte: Die Pflanze gilt bis –10 °C in leichten, wasserdurchlässigen Böden als winterhart. In kälteren Regionen oder bei feuchtem Boden sollte man den Stock zum Schutz mit Stroh oder trockenem Laub bedecken.
Pflege: Regelmäßig gießen, damit sich stets genügend Blätter zum Ernten bilden. Blütenstände entfernen.
Schädlinge: Keinerlei Schwierigkeiten.
Vermehrung: Durch Teilung des Stocks im Herbst oder am Frühlingsanfang. Die Pflanze wird in mehrere bewurzelte Stücke geteilt und diese im Halbschatten ausgepflanzt. Zum Angehen gießen. Auch Aussaat ist möglich (siehe Pflanzung).
Ernte: Während der gesamten schönen Jahreszeit von März bis September.

Verwendung

Was wird geerntet: Die Blätter, sie werden mit ihrem starken Anisaroma wie der verwandte, einjährige Garten-Kerbel zu Rohkost und Salaten aller Art verwendet.
Zubereitung: Süßdolde aromatisiert Fleischgerichte, Suppen, Omelettes und mehr. Der mit heißer Milch und Honig gemischte Pflanzensaft ist ein bewährtes Heilmittel bei Bronchitis und Husten. Früher brannte man die getrockneten Blätter gegen Asthma ab. In Deutschland wird traditionell ein alkoholischer Auszug gegen Arteriosklerose und Bluthochdruck verschrieben. Die unreifen Samen kann man zu Salaten, Kuchen oder zum Liköransatz verwenden. Die Wurzeln werden wie Pastinaken gegessen. Behutsam getrocknet, lassen sich die Blätter auch zur Tisch- oder Kerzendekoration nutzen.

Gut zu wissen

Im ersten Anbaujahr sollte die Pflanze eine kleine Stütze haben, damit sie im Winter keinen Schaden nimmt. Sie ist ein wertvoller Schatz im Kräutergarten, kann aber auch im Kübel oder kleinen Garten wachsen.

Kleine Tipps

Süßdolde liebt den Halbschatten und fühlt sich in Gesellschaft der Wald-Erdbeere besonders wohl.

Vietnamesischer Koriander

Volkstümlicher Name: Vietnamesischer Koriander, Asiatischer Koriander, Rau Ram. Botanischer Name: *Persicaria odorata*, syn. *Polygonum odoratum*. Familie Polygonaceae.

Diese krautige Staude aus Asien mit einem Hang zum Ranken ist an ihrem hübschen Laub mit der v-förmigen Zeichnung in der Blattmitte erkennbar. Man verwechselt sie oft mit ähnlichen, wild wachsenden Knöterichgewächsen. Im Sommer zeigt die Pflanze hellrosa Blütenrispen. Ihr Aroma ist sehr speziell, eine Mischung von Koriander, Zitrone und Pfeffer. Die Triebe sind pikant und werden in erster Linie zum Würzen verwendet. Die Pflanze macht aber auch im Blumenbeet oder in einem hübschen Pflanztopf etwas her.

Anbau

Pflanzung: Ursprünglich in Vietnam heimisch, wächst diese kräftige Sumpfpflanze auch in Töpfen und man kann sie von Mai bis Oktober in den Garten stellen. Die restliche Zeit des Jahres muss sie vor Frost geschützt werden. Den Topf kann man in der schönen Jahreszeit im Garten auspflanzen, was den Wuchs fördert und den Ertrag an Blättern deutlich erhöht.
Standort: Bevorzugt Halbschatten, direkte Sonne sollte vermieden werden, weil die Blätter sonst leichte Verbrennungen zeigen. Boden sollte feucht und humusreich sein.
Winterhärte: In unseren Breiten übersteht Vietnamesischer Koriander den Winter nicht, muss also mit seinem Kübel ins Gewächshaus, in den Wintergarten oder ans Küchenfenster umziehen. Wenige Plusgrade genügen jedoch, dass er überlebt.
Pflege: Schneiden Sie während der Vegetationsphase regelmäßig die Triebe zurück und trocknen Sie die Blätter lichtgeschützt. Während der Hitzeperiode ausreichend wässern.
Schädlinge: Es gibt keine Schädlinge, nur Weinberg- und Nacktschnecken machen sich über die Blätter her, lassen sich aber mit Asche oder zerriebenen Eierschalen von den Pflanzen fernhalten.
Vermehrung: Vietnamesischer Koriander lässt sich in unseren Breiten nur durch Stecklinge vermehren. Auch wenn er hier zur Blüte kommt, reifen keine Samen heran. Daher schneidet man Triebe von 10 cm Länge und steckt sie zum Bewurzeln in ein Glas Wasser oder direkt in einen Pflanztopf mit lockerem Anzuchtsubstrat in den Schatten. Nach etwa 10 Tagen bewurzeln die Stecklinge.
Ernte: Man erntet die Blätter ganzjährig und mehrere Jahre lang, sofern das Substrat feucht ist und die Pflanze im Winter vor dem Frost geschützt wird.

Verwendung

Was wird geerntet: Blätter, die man je nach Bedarf abschneidet.
Zubereitung: Man verwendet Vietnamesischen Koriander für Gemüsesuppen, Rohkost und Salat sowie zum Garen von Fleischgerichten.

Gut zu wissen

Wer den echten Koriander mag, wird auch diese geschmacklich gleiche Pflanze lieben, zumal man sie außerdem das ganze Jahr über ernten kann.

Kleine Tipps

Da die Pflanze mit ihren lanzettförmigen und schwarz gemusterten Blättern dekorativ ist, wäre sie zusammen mit einigen Fuchsien auch eine Zierde für einen halbschattigen Balkon (Morgensonne).

Wilde Rauke

Volkstümlicher Name: Schmalblättriger Doppelsame, Wilde Rauke, Senfrauke, Stinkrauke, Rucola.
Botanischer Name: *Diplotaxis tenuifolia*. Familie: Brassicaceae.

Genau solche Pflanzen interessieren uns: Im Gegensatz zur Sorte des Gewerbsanbaus, die alljährlich ausgesät werden muss, ist die Wilde Rauke eine ausdauernde, winterharte Pflanze, um die man sich nicht großartig kümmern muss. Blätter und Blüten sind geschmacklich intensiver als die einjährige Rauke. Zögern Sie nicht, die Wilde Rauke im Kasten oder Blumentopf anzubauen. Sie sät sich reichlich von selbst aus, was die starken Esser besonders freut. Wilde Rauke ist reich an Vitamin C, B9, K und Kalzium. Ihr Brennwert liegt um die 10 kcal pro 100 Gramm. Ideal für Gärtner auf Diät!

Anbau

Pflanzung: Pflanzen Sie die Wilde Rauke im Frühling und beginnen Sie schon einen Monat später mit der Ernte. Seien Sie nicht geizig, je mehr Sie schneiden, desto buschiger die Staude und desto zarter die Blätter.
Standort: Es ist eher eine Pflanze für sonnige Stellen und ihre hübschen gelben Blüten erinnern stets daran. Ein Rat unter Gartenfreunden: Lassen Sie nicht zu viele Blüten stehen, damit sich das Blattwerk gut entwickelt.
Winterhärte: Kein Problem mit der Winterhärte, auch wenn im Winter der Blattwuchs eine verdiente Ruhepause einlegt.
Pflege: Im Sommer gießen, Unkraut an einem sonnigen Nachmittag wegharken und vor allem regelmäßig abschneiden, damit die Pflanze kompakt bleibt und nicht blüht.
Schädlinge: So wenige, dass man nicht darüber reden muss. Wie alle Brassicaceen wird auch die Wilde Rauke zuweilen im Sommer von Flohkäfern aufgesucht. Wir vergrämen die Insekten durch Besprühen der Blätter während der Hitzeperioden.
Vermehrung: Sie werden schnell bemerken, dass die kleinen Samen, die sich in länglichen Schoten reihen, sich jederzeit zur Erneuerung einer Kultur eignen, auch wenn sie schon lange an derselben Stelle wächst.
Ernte: Von März bis zum Einsetzen des Frosts während der schönen Jahreszeit, sofern ausreichend gegossen wird.

Verwendung

Was wird geerntet: Die schmalen, fiederteiligen Blätter, aber auch die gelben Blüten mit süßlich-scharfem Geschmack.
Zubereitung: Die Blätter sind nicht nur delikat, sondern auch eine Augenweide in grünen Salaten oder auf Omelette. Man kann sie zu einer Platte mit Wurst und Fleisch servieren oder damit den authentischen Geschmack der Mittelmeerküche bei Pizza, Tajine oder Pastete herstellen. Sie lassen sich zudem zu Pesto verarbeiten oder in Gratins, herzhaften Kuchen, Quiches und Lasagne garen. Rauke passt wunderbar zu Ziegenkäse, Tomaten, italienischem Schinken und Auberginen.

Kleine Tipps

- Stellen Sie einen Topf oder Blumenkübel in der Nähe der Küche auf, damit Sie immer frische Blätter unmittelbar zur Hand haben.
- Rauke lässt sich nicht gut lagern, selten mehr als zwei Tage im Kühlschrank. Um geschnittene Blätter länger frisch zu halten, schlagen Sie diese zum Aufbewahren in ein feuchtes Geschirrtuch oder Papier ein, das Sie in eine aufgeblasene Plastiktüte stecken.

Gut zu wissen

Wilde Rauke, ein wunderbarer Verbündeter in der Küche, lässt sich unter alle Salate mischen, als Garnitur der Speisen verwenden oder zu Käse essen.

Pflege

Vom Gemüsegartenbau

Wie schon erwähnt, braucht ein Gemüsegarten viel Sonnenschein. Die ausdauernden Gemüsearten sollten mindestens sechs Sonnenstunden täglich haben, damit sich der Boden im Frühling gut erwärmt und die Gemüse sich bis zur Vollreife entwickeln. Ist diese Voraussetzung erfüllt, muss man für einen erfolgreichen Gemüseanbau nur noch den Boden bereiten.

Ist Umgraben altmodisch?

Man muss den Boden hegen und mit Nährstoffen versorgen. Diesen Punkt sollte man niemals vergessen. Die ausdauernden Gemüse sind das Ergebnis dieser Vorarbeit.

Am Anfang des Buchs sprachen wir kurz von Vor- und Nachteilen der Bodenbearbeitung. Jeder Gärtner hat hierzu eigene Ansichten. Mancher gräbt im Herbst den Boden mit dem Motorkultivator oder dem Spaten gründlich um. Die Störung durch das Mischen verschiedener Bodenschichten haben wir bereits kurz erwähnt. Unserer Meinung nach sollte ein bereits angelegter Gemüsegarten mit lehmarmem Substrat nicht so rabiat bearbeitet werden. Wir empfehlen leichte, quasi homöopathische Bearbeitung und Bodenverbesserung, ohne das unterste nach oben zu kehren.

Pluspunkte oberflächlicher Bodenbearbeitung

- **Nicht so ermüdend und weniger Rückenprobleme**
- **Kein Vergraben des Unkrauts mehr, was gewöhnlich binnen Kurzem wieder hervorkommt**
- **Geringere Verdünnung des organischen Materials im Substrat**
- **Weniger zerstückelte Regenwürmer**
- **Bessere Verteilung der Mikrofauna und der Bakterien im Boden**

Die Grabgabel (oder vergleichbare Gartengeräte) stellt eine gute Lösung für das Problem dar und ist per se ökologisch. Auf der Grundlage der Hebelgesetze lässt sich mit der Gabel effizient und ohne große Kraftanstrengung arbeiten. Man kann damit den Boden bereiten, Gemüse ernten, ohne sie zu beschädigen, organisches Material in unterschiedlich tiefe Schichten einarbeiten, Unkraut bekämpfen und ausreißen, den Rasen belüften, Pflanzlöcher in regelmäßigen Abständen ausheben, so wie für den Acker-Lauch nötig.

Es heißt, die Bodenbearbeitung mit der Grabgabel geht achtmal schneller als mit dem Spaten. Und man hält den Rücken gerade, wodurch man keine Rückenschmerzen vom Umgraben hat.

Die Grabgabel ist ideal, wenn der Boden nicht zu schwer ist.

Der Spaten ist bei stark verdichteten Böden nützlich.

Die Grabgabel, die in Frankreich nach ihrem Erfinder André Grelin als ‚Grelinette' bezeichnet wird, wurde 1963 patentiert. Man kann damit den Boden verbessern, ohne ihn zu wenden und schützt damit im Gegensatz zum Einsatz des Spatens auch das ökologische Gefüge im Boden. Sie wurde zum bevorzugten Handwerkszeug der biologischen Landwirtschaft und des ökologischen Kleinanbaus.

Das Umgraben mit dem Spaten bleibt jedoch beim ersten Bearbeiten eines stark verdichteten Bodens wie einer Rasenfläche oder Halde die effizienteste Methode. Es empfiehlt sich bei lehmigen Böden oder wenn man den Frost zum natürlichen Aufbrechen von Schollen nutzen möchte.

Pflanzung der Gemüse

Bei den ausdauernden Gemüsen haben Sie die Wahl zwischen dem Säen oder dem Kauf von Jungpflanzen. Sind Pflanzen gut angegangen, kann man sie auch teilen. Kultivieren Sie den Gemüsegarten je nachdem, über welche Mittel Sie verfügen. Aussaat erfordert Geduld und Planung. Man darf den passenden Zeitpunkt nicht versäumen. Das Setzen von Jungpflanzen engt den Gärtner nicht so stark hinsichtlich der Termine ein und verspricht Neulingen manchmal mehr Erfolg. Wenn die Aussaat misslingt, kann man es oft erst im nächsten Jahr wieder versuchen, während man mit Jungpflanzen manche Widrigkeiten, wie das Eingehen der Keimlinge, vermeidet.

Wer säen möchte, sollte dies geschützt in einem Anzuchtkasten oder einem warmen Zimmer versuchen. Man gewinnt damit einen zeitlichen Vorsprung gegenüber dem Freiland und hat die „Pflanzenkinder" besser unter Kontrolle.

Was verrät die Saatgutpackung?

- **Achten Sie genau auf den Namen der Art. Handelt es sich um eine Hybride oder einen Selbstbestäuber?**
- **Es gibt ein Datum der Keimfähigkeit, das man immer übersieht. Schreiben Sie es groß mit einem Filzstift auf das Päckchen. So behalten Sie einen besseren Überblick über den Saatgutvorrat.**
- **Beachten Sie die verschiedenen Informationen zu Keimdauer, Gartenkalender, Schnitt und Pflanzabstand.**
- **Sind die Samen vorbehandelt?**
- **Kurze Beschreibung der Art oder Sorte (Resistenz gegen Krankheiten, Hinweise).**

Erfolgreiche Anzucht im Haus

Verwenden Sie einen dafür vorgesehenen Behälter wie Ton-, Plastikschale oder Mini-Gewächshaus, säen Sie die Samen knapp unter die Oberfläche der Anzuchterde, die Sie vorher leicht angedrückt haben. Stellen Sie die Schale warm und dunkel. Eine darüber gedeckte Pappe hält feucht und dunkel.

Wenn die ersten Spitzen durch die Erde schauen, entfernt man die Pappe und stellt die Keimlinge hell in die Nähe eines Fensters, aber anfangs nicht in die pralle Sonne. Versuchen Sie die Pflanzen zwischen 15 und 18 °C zu halten, um ein zu rasches Wachstum zu vermeiden. Das ist nicht gut für das Gemüse. Ein Temperaturunterschied in der Nacht wäre gut, wobei man bis auf 6 °C heruntergehen kann.

Verziehen Sie die Pflanzen und behalten Sie nur die kräftigsten, die Sie in Töpfe umpflanzen. Verwenden Sie in der Erde abbaubare Töpfe, die regelmäßig Nährstoffe an die Jungpflanzen abgeben.

Dann müssen Sie die Pflanzen abhärten, indem Sie sie schrittweise Wind und Wetter aussetzen, und auspflanzen.

Biologisch abbaubare Pflanztöpfe
Diese neuen Gartenbauartikel sind zu 100 % biologisch abbaubar und 100 % kompostierbar. Sie werden aus Kartoffelstärke – Abfallprodukt der Lebensmittelindustrie – und organischem Dünger hergestellt. Durch diese Innovation reduziert man die für den Planeten schädlichen Plastikverpackungen und gleichzeitig geben die Behälter sechs Monate lang Nährstoffe ab. Sie sind ideal, wenn man die Kulturen mit Aussaat startet.

Beispiel mit Pflanze in Plastiktopf, Torfbehälter und biologisch abbaubarem Topf. In letztgenanntem zeigt die Pflanze einen um 50 % verbesserten Wuchs.

In Schloss du Pin trägt bodendeckender Mulch in unterschiedlichen Farben zum ästhetischen Eindruck des Gemüsegartens bei. Unabhängig von der Farbe verringern sich der Wasserbedarf und der Unkrautwuchs.

Unverzichtbares Mulchen

Wie schon erwähnt, ist das Mulchen bei unserer Philosophie des Gemüseanbaus unverzichtbar. Beim Sommergemüse spart man Wasser und Pflegeaufwand.
Die Praxis des Mulchens ist schon lange bekannt. Handbücher des Pflanzenbaus aus dem 19. Jahrhundert empfehlen das Mulchen mit Getreidestroh, insbesondere um Pflanzen vor dem Frost zu schützen. Doch auch andere Vorteile, beispielsweise der Schutz des Bodens und das Verhindern von Unkrautwuchs, waren bekannt.

Im engsten Wortsinn ist Mulchen das Ausbreiten von Stroh (Getreide) auf dem Boden, egal ob im Garten oder als Einstreu. Man bringt Mulch aus.

Heute steht der Begriff Mulchen für unterschiedliche Materialien und deren Verwendung. Die Produkte gehen weit über das Stroh hinaus und schließen pflanzliche Materialien wie Rinde und Holzhäcksel sowie mineralische wie Schiefer ein.

Im Gegensatz zur herrschenden Meinung macht Mulch den Boden nicht sauerer und beeinflusst auch nicht den pH-Wert, sofern es sich nicht um einen ohnehin schon sehr sauren Boden handelt. Auch die Rinde von Strand-Kiefern kann ohne besondere Schwierigkeiten bei allen Pflanzenarten verwendet werden.

Welche Vorteile bietet das Mulchen?

Schutz des Bodens:

- **Gegen Frost und Hitze. Mulch begrenzt die Temperaturschwankungen des Bodens.**
- **Gegen Verdichtung und Erosion, da er wie ein Schutzschild bei starkem Regen wirkt.**

Erhalt der Bodenfeuchte:

- **Mulch begrenzt die Verdunstung und hält den Boden frisch. Mulch reduziert auch die im Sommer nötige Bewässerung und den Wasserverbrauch.**

Unkrautwuchs:

- **Als physische Barriere verhindert der Mulch den Wuchs unerwünschter Beikräuter. Mulchen verringert das Jäten und die Verwendung chemischer Herbizide.**

Bodenverbesserung und Nährstoffversorgung:

- **Organischer Mulch, der sich langsam an der Oberfläche zersetzt, reichert den Boden mit organischen Stoffen an. Während er vergeht, wirkt er wie organischer Bodenverbesserer und liefert auch Nährstoffe für die Pflanzen. Unter dem Mulch entwickeln die Pflanzen zudem kräftigere Wurzeln.**

Beetschmuck:

- **Viele Mulchsorten dienen auch als Dekor und heben die Pflanzen hervor.**

Empfehlungen für Standort und Pflege

Beginnen Sie mit einer guten Vorbereitung des Bodens und entfernen Sie Wildpflanzen und Unkraut. Mulch verhindert das Keimen von Unkraut, hilft aber nicht gegen schon vorhandene Pflanzen! Bei mineralischer Bodenbedeckung empfiehlt sich der Einsatz von Unkrautfolien oder Geotextilien, damit keine unerwünschten Arten auflaufen.

- Auf den vorbereiteten Grund stellen Sie eine „Beeteinfassung“ (Mini-Graben oder Holz- bzw. Betonrahmen).
- Bringen Sie Kompost aus, um den Stickstoffbedarf der Pflanzen zu decken.

Mulchen kann zwischendurch zu kurzem Stickstoffhunger führen. Der im Boden gebundene Stickstoff wird zuerst für die Zersetzung des Mulchs genutzt und ist damit kurzfristig für die Pflanzen nicht verfügbar. Das Wachstum kann dadurch behindert werden. Als Lösung empfehlen wir vor dem Mulchen das oberflächliche Ausbringen von etwa 0,5 bis 1 kg Kompost pro Quadratmeter, so wie es unter natürlichen Bedingungen (z. B. im Wald) auch wäre. Der unter der Mulchschicht geschützte Kompost setzt die für das Pflanzenwachstum nötigen Mineralstoffe langsam frei.

- Bringen Sie eine Mulchschicht in empfohlener Stärke aus.
- Entfernen Sie sofort alle angeflogenen Unkräuter.
- Legen Sie regelmäßig neuen Mulch nach, um die Stärke der Schicht konstant zu halten.
- Wenn die Anbausaison vorüber ist, sollte der Mulch eingeharkt werden. So zersetzt er sich während des Winters.
- Bei manchen Pflanzen verhindert Mulch den direkten Bodenkontakt des Ertrags und hält ihn frei von Krankheiten.

Mulch im Stauden-Gemüsegarten von Schloss Pin.

Mulchsorten für den Gemüsegarten

Kakaoschalen

Zu 100 % natürlich und nachwachsend, die Schalen der Kakaobohnen sind ein Abfallprodukt der Schokoladenherstellung und von Natur aus reich an Dünger.

- In einer Schicht von 4 bis 5 cm ausbringen, also ca. 40–50 Liter pro Quadratmeter.
- Nach dem Verteilen reichlich wässern, um den natürlichen Kleber der Schalen freizusetzen und eine Kruste zu bilden, die die Schalen am Boden hält. Es bildet sich ein weißes Myzel, das nach zwei Wochen wieder verschwindet.

Flachsflocken

Nebenprodukt der Faserherstellung in Form kleiner Plättchen. Das Produkt ist zu 100 % organisch und ungiftig.

Es lässt sich gut schütten und einfach handhaben. Trotzdem wird es nicht weggeblasen, weil die Plättchen sich nach dem ersten Gießen zu einer windunempfindlichen Schicht verbinden. Die beige Farbe wirft das Sonnenlicht auf die Pflanzen zurück und bildet einen hübschen Kontrast zu dunklem Blattwerk.

– In einer Schicht von 4 bis 5 cm ausbringen, also ca. 40–50 Liter pro Quadratmeter.
– Auf unkrautfreiem Boden verteilen. Einfaches Gießen genügt, um das Material am Boden zu halten und eine widerstandsfähige Schicht zu bilden, die allen Elementen trotzt.

Hanfpellets

Sie gelten als ökologisch verträglicher als Flachsprodukte, weil Hanf im Anbau weder Pflanzenschutzmittel noch Dünger benötigt. Die Vögel scharren weniger im Substrat, und da die Hanfpellets schwerer sind als Flachs, verteilen sie sich weniger im Garten. Dieser Mulch ist dauerhafter und beinhaltet keine Samen, was ein großer Vorteil ist, da man ja eine neutrale Bodenbedeckung wünscht. Im Preis liegt Hanf über dem von Flachsflocken.

– In einer Schicht von 4 bis 5 cm ausbringen, also ca. 40–50 Liter pro Quadratmeter.
– Auf unkrautfreiem Boden verteilen. Dieselbe Vorgehensweise wie bei Flachs.

Buchweizenhülsen

Dieses Material findet sich immer häufiger im Gartenbau, vor allem in Westfrankreich, weil die Kulturen dort lokal angebaut werden. Sie schützen den Boden, tragen aber auch eine bemerkenswerte Menge organischer Stoffe bei ihrer Zersetzung in den Boden ein. Für Nackt- und Weinbergschnecken sind sie eine wirkungsvolle Barriere, weil sie auf diesem Teppich austrocknen.

– In einer Schicht von 5 cm Höhe ausbringen.
– Nach 2–3 Jahren erneuern.

Pappelrinde

Häcksel von Pappelrinde ist ein kostengünstiger, biologisch abbaubarer Mulch für Beete mit Einjährigen, Gemüse, Stauden, Rosen oder Gehölzen. Die Rinde bildet eine ausgeprägte Isolationsschicht, was das Keimen von Unkraut verhindert, Pflanzen gegen Kälte und Frost schützt und das Gießen reduziert. Das Material ist tabakfarben und an einem angenehmen Geruch nach Unterholz erkennbar.

– In einer Schicht von 8 bis 10 cm Höhe ausbringen, also ca. 80–100 Liter pro Quadratmeter.
– Nach 2 Jahren durch eine frische Schicht von etwa 3–5 cm Höhe erneuern.

Wasser- und Nährstoffversorgung

Vergessen Sie nicht, das Gemüse wenn nötig zu gießen und es mit Nährstoffen zu versorgen.

Wie alle Pflanzen benötigen auch die ausdauernden Gemüsearten zum Wachsen Mineralien, darunter Stickstoff, Phosphor, Kalium, aber auch in geringen Mengen Kalzium, Magnesium, Schwefel sowie viele Spurenelemente.

Also sollte man die Pflanzen regelmäßig mit Volldünger versorgen oder, besser noch, mit organischen Stoffe wie reifem Kompost aus eigener Herstellung oder gekauft, Jauchen aus Brennnessel und Beinwell oder tierischem Mist.

Vergessen Sie nicht, dass Pflanzen Wasser zum Leben brauchen.

Gesundes Gemüse

Pflanzenschutzmittel im Garten

In Frankreich wurde jüngst ein Gesetz verabschiedet, wonach ab 2020 auf öffentlichen Grünflächen keine Pflanzenschutzmittel, also Insektizide, Herbizide und Fungizide, mehr verwendet werden dürfen, in den Gärten gilt das ab 2022.

Insgesamt betrifft dieses Gesetz 5–10 % aller in Frankreich verwendeten Pestizide, der Rest wird in der Agrarindustrie eingesetzt. Die Zahlen stehen für 10 000 Tonnen, die Gärtner alljährlich über ihre Balkone und Gärten kippen.

Nun heißt es, geeignete Anbaumethoden und von Natur aus gegen Parasitenbefall und Krankheiten resistente Arten zu wählen. Die gute Nachricht ist, dass unsere ausdauernden Gemüse dieser Vorgabe schon entsprechen!

Nützliche Insekten

Im Garten hat jeder Bewohner seinen Platz in der Nahrungskette, der Gärtner muss nur mit einfachen Mitteln günstige Bedingungen für die Nützlinge schaffen. Durch unterschiedliche Anbaumethoden und das Anlocken „guter Fraßfeinde“ gelingt es, nach zwei bis drei Jahren ein Gleichgewicht herzustellen. „Wachsen lassen“ ist der Ansatz. Lassen Sie gewisse Wildpflanzen, die sogenannten Futterpflanzen, gedeihen, sie werden sich zu nützlichen Verbündeten entwickeln. Pflanzen Sie lebendige, gemischte Hecken in der Nähe des Gemüsebeets, als Windschutz für das Gemüse und Heimat für nützliche Insekten.

Nützlinge anlocken

- **Pluspunkte: flache Steine, Moos, trockene Äste, Herbstlaub.**
- **Pflanzen: Rosen, Obstbäume, Wildpflanzen, Duftkräuter.**
- **Stellen Sie ein Insektenhotel auf oder lassen Sie einige Bündel Holz auf dem Boden liegen, das wäre der erste Schritt. Viele Gärtnereien liefern auf Bestellung auch Marienkäferlarven und beängstigende Käfer.**

Fruchtfolge oder Rotation

Einfach und schon seit König Herodes bekannt, ist die Maßnahme der Fruchtfolge, um die Böden nicht zu stark auszuzehren und Parasiten ebenso wie Krankheiten maßgeblich zu reduzieren. Pflanzen sind im Stande, eine Gruppe bestimmter, zuweilen auch sehr seltener Stoffe in unterschiedlicher Tiefe aus dem Boden zu ziehen. Der Wechsel im Gemüseanbau ist wie eine Verjüngungskur für den Boden, der sich auf diese Weise schneller regeneriert.

Manche ausdauernden Gemüse gedeihen jahrelang an ihrem Standort, doch irgendwann sollten auch sie umziehen.

Die Rotation basiert auf vier Kategorien:

- Blattgemüse, die einen stickstoffreichen Boden benötigen
- Wurzelgemüse, die ihre Nährstoffe tief unten suchen
- Fruchtgemüse, die vor allem Hinsichtlich Kalium als Starkzehrer gelten
- Getreide und Leguminosen, die den Boden mit Stickstoff anreichern.

Alljährlicher Fruchtwechsel von einjährigen und ausdauernden Gemüsen

Feld 1	Feld 2	Feld 3	Feld 4
Blattgemüse	Früchte	Wurzelgemüse	Gründünger
Früchte	Wurzelgemüse	Gründünger	Blattgemüse
Wurzelgemüse	Gründünger	Blattgemüse	Früchte
Gründünger	Blattgemüse	Früchte	Wurzelgemüse

Biologischer Anbau?

Was ist besser für die eigene Ernährung als der Anbau eigenen Gemüses? Das ist nicht kompliziert, man sollte lediglich folgende Grundsätze bedenken.

- **Fruchtfolge durchführen: Nach 4 bis 5 Jahren sollten die ausdauernden Gemüse umgesetzt werden.**
- **Dem Boden Nährstoffe zuführen in Form von Jauchen, organischen Stoffen und reifem Mist.**
- **Unterschiedliche Pflanzengruppen setzen.**
- **Im Gemüsegarten überwiegend ausdauernde Gemüse pflanzen, die meistens widerstandsfähiger sind als Hybride und Züchtungen.**
- **Nützliche Insekten (Nützlinge) anlocken.**
- **Physische Schutzmechanismen wie Netze statt Chemikalien zum Pflanzenschutz verwenden.**
- **Jauchen oder Pflanzenaufgüsse versprühen.**

Die richtige Erntezeit

Zu früh oder zu spät bedeutet, dass Ihr Gemüse nicht den vollen Geschmack oder Nährwert besitzt. Und es verhält sich beim Kochen vielleicht anders.

Die richtige Erntezeit bei ausdauernden Gemüsearten ist keine einfache Sache. Um es Ihnen leichter zu machen, finden Sie auf der Folgeseite eine Tabelle.

Vergessen Sie aber nicht:

- Ein 45 cm langer Zucchino ist spektakulär, aber mit nur 15 cm schmeckt er besser!
- Je länger Wurzelgemüse im Boden stecken, desto härter, holziger und geschmackloser werden sie.
- Ernten Sie nach Möglichkeit nicht, wenn die Pflanzen zu nass sind. Dann besteht die Gefahr, dass bakterielle Erkrankungen übertragen werden.
- Ernten Sie wenn möglich nicht bei großer Hitze, weil die herunterbrennende Sonne manche Pflanzen zusammenfallen lässt.
- Graben Sie Wurzelgemüse nicht bei gefrorenem Boden aus. Ziehen Sie alle schon vor der Frostperiode aus der Erde und lagern Sie die Wurzeln in einer vergrabenen Toplader-Waschmaschinentrommel (siehe Abbildung auf Seite 153).

Blattgemüse kann man während der gesamten Anbausaison ernten.

Die ausdauernde Ernte und Lagerung der ausdauernden Gemüse

von Château du Pin

Gemüse	Erntemonat	Reifezeitpunkt	Lagerung	Dauer der Lagerung
Elefanten-Knoblauch	August	gelbe, trockene Blätter	kühl	3 Monate
Schlangen-Knoblauch	Juli/August	gelbe Blätter	kühl	3 Monate
Canna	Okt./Nov.	zerfallene Blätter	Torf oder Sand	2 Monate
Knollige Kapuzinerkresse	November	gelbe Blätter	Sand oder gekühlt	3 Monate
Kerbelrübe	Juni	trockene Blätter	kalt	1 Monate
Knollenkümmel	Oktober	nach der Blüte	kalt	14 Tage
Zucker-Merk	Nov. bis Feb.	Vegetationsruhe	kalt	8 Tage
Knollen-Ziest	Nov. bis Feb.	Vegetationsruhe	kalt	8 Tage
Amerikan. Erdbirne	Nov. bis Feb.	Zerfallene Blätter	kalt	1 Monat
Helianthi	Nov. bis Feb.	Gelbe Blätter	kalt	8 Tage
Schwarzer Liebstöckel	September	gelbe Blätter	kalt	1 Monat
Oka	Nov. bis Dez.	erfrorene Blätter	Sand oder kalt	2 bis 3 Monate
Kartoffelzwiebel	Juli/August	gelbe Blätter	Sand oder kalt	2 bis 3 Monate
Pastinake	Okt. bis Feb.	Vegetationsruhe	kalt oder kühl	2 Monate
Petersilienwurzel	Okt. bis Feb.	Vegetationsruhe	kalt	8 Tage
Yacón	Okt. bis Feb.	Zerfallene Blätter	kalt oder kühl	2 bis 3 Monate
Meerrettich	Nov. bis Feb.	Zerfallene Blätter	kalt	8 Tage
Rapunzel-Glockenblume	Juni bis Sept.	vor der Blüte	kalt	3 bis 4 Tage
Erdmandel	Nov. bis Feb.	Vegetationsruhe	Sand oder kalt	1 bis 2 Monate
Topinambur	Nov. bis Feb.	Zerfallene Blätter	kalt oder kühl	14 Tage
Wasabi	Nov. bis Feb.	Vegetationsruhe	kalt	8 Tage

Gemüse einlagern

Ist das Gemüse erst einmal geerntet, empfiehlt sich ein möglichst frischer Verbrauch, um einen Nutzen aus dem Vitamingehalt zu ziehen. Man kann es aber auch später essen, wenn man es kühlt oder manche Arten auch tiefgefrieren.

Als Grundregel gilt, dass Gemüse am besten im Keller bei 9 bis 16 °C und etwa 70 % Luftfeuchtigkeit gelagert wird.

Die meisten Gemüse lassen sich aber auch einige Tage im Gemüsefach des Kühlschranks in Dosen oder perforierten Tiefkühlbeuteln lagern.

Manche lassen sich einfrieren. Dazu gründlich waschen, trocknen und in Einzelportionen in Tiefkühlbeutel packen. Manche Arten, wie Bärlauch, lassen sich auch geschnitten in Eiswürfelbehältern tiefgefrieren. Dann entnimmt man lediglich die kleinen Würfel aus der Form und lässt sie beim Kochen auftauen.

Wenn Sie eine Waschmaschinentrommel vergraben, können Sie Ihr Gemüse dort den Winter über aufbewahren.

Gemüse kann man auch trocknen, indem man sie in der Sonne ausbreitet oder bei niedriger Temperatur im Backofen dörrt, besser wäre noch ein Gerät zum Dörren.

Das Einkochen wird auch wieder modern, trotz der Mühe bei der Vorbereitung, damit sich die Gemüse wirklich lange halten.

Um die Gemüse über den Winter einzulagern, heben Sie ein Loch im Gemüsegarten oder an einer Stelle mit wasserduchlässigem, sandigem Boden aus. Verwerten Sie eine Waschmaschinentrommel eines Topladers wieder und vergraben Sie diese mit der Öffnung nach oben ganz im Boden. Packen Sie das Wurzelgemüse hinein. Viele Sorten halten sich darin den ganzen Winter hindurch.

Zum Schluss

Für unsere Gesundheit und die unserer Kinder ist es gut, wenn wir wissen, woher unser Gemüse stammt. Frankreich hat europaweit den höchsten Verbrauch an Pestiziden, unternimmt derzeit aber große Anstrengungen, die weitere Verschmutzung mit einer Notbremsung zu verringern. Und was machen die anderen Staaten in Europa? Wie kann man sicher sein, dass die Tomaten aus Spanien oder die Bohnen aus Rumänien nicht voller Giftstoffe sind?

Die Lösung? Ein Eckchen vom Rasen im Garten oder das rostende Fahrrad vom Balkon opfern und sich in das Abenteuer des Gemüseanbaus allgemein und den Anbau von ausdauernden Gemüsearten im Besonderen stürzen. Für uns geht nichts über den Geschmack, die Qualität und deren Besonderheit, da man damit nicht einmal die mühsame und entmutigende Vorbereitungsarbeit hat. Leben wir also nachhaltig und teilen wir mit Freuden alle diese Erfahrungen mit der Familie und unseren Freunden. Herzlich willkommen in der Gemeinschaft und guten Appetit!

Service

Pflanzenregister

Dank

Der herzliche Dank der Autoren gilt:
- La Florentaise pro, terre et nature, 44850 Saint Mars du désert www.florentaise.com (Lieferung des Mulchs für Château du Pin)
- EARL Hortiflor, 49170 Savennières www.hortiflorbureau.com (Pflanzenlieferant für Château du Pin)
- den freiwilligen Helfern bei der Gartenpflege im Gemüsegarten von Château du Pin, 49123 Champtocé sur Loire, insbesondere Jane de la Celle. www.jardinsduchateaudupin.com
- der Firma Moquet für die Aufnahmen der Quadratbeete
- Jacques Moreau für die Fotos in diesem Buch

Nützliche Adressen

- Bingenheimer Saatgut AG, Echzell: www.bingenheimersaatgut.de
- Bioland Hof Jeebel, Salzwedel: www.biogartenversand.de
- bio-saatgut Gaby Krautkrämer, Frickenhausen/Main: www.bio-saatgut.de
- Deaflora Aromagärtnerei, Werder/Havel: www.deaflora.de
- Dreschflegel GbR, Witzenhausen: www.dreschflegel-saatgut.de
- Dürr Samen, Reutlingen: www.duerr-samen.de
- Ferme de Ste Marthe, Frankreich: www.fermedesaintemarthe.com
- Gärtnerei Dieter Haas, Wertheim: www.bioland-gaertnerei-haas.de
- Hortiflor Bureau, Frankreich: www.hortiflorbureau.com
- ProSpecieRara Deutschland gemeinnützige GmbH, Freiburg: www.prospecierara.de
- Rühlemann's Kräuter & Duftpflanzen, Horstedt: www.kraeuter-und-duftpflanzen.de
- Syringa Duftpflanzen und Kräuter, Hilzingen: www.syringa-pflanzen.de
- VEN, Verein zur Erhaltung der Nutzpflanzenvielfalt e. V., Witzenhausen: www.nutzpflanzenvielfalt.de
- Verein ARCHE NOAH, Österreich: www.arche-noah.at
- VERN, Verein zur Erhaltung und Rekultivierung von Nutzpflanzen in Brandenburg e. V., Greiffenberg/Uckermark: www.vern.de

Bildnachweis

Titelfoto: Flora Press / Visions

Alle Aufnahmen im Innenteil stammen von **Jacques Moreau**, außer:
Biosphoto: Seite 6 (NouN), 10 (B & G Medias), 11 (Tiziana Bertani), 13 (Gilles Le Scanff & Joël-le-Caroline Mayer), 14 (Joël Douillet), 41 u. l. und hintere Klappe außen (Gilles Le Scanff & Joëlle-Caroline Mayer), 41 u. r. (Michel Gunther), 49 (NouN), 61 (Stéphan Bonneau), 67 (SPL – Science Photo Library), 69 u. (Claude Thouvenin), 89 u. (NouN), 108 (B & G Medias), 113 (NouN), 117 (Alexandre Petzold), 121 (Frédéric Didillon), 133 (Digitalice), 139 (B & G Medias), 140 (JM Groult), 143 l. (JM Groult), 143 r. (NouN), 149 (NouN).
Commercial RAF/Shutterstock.com: Seite 7
Firma Moquet, Quadratbeete: Seite 9, 15 u., 17.
Jopelka/Shutterstock.com: Seite 25
Julie Pigula/Shutterstock.com: Seite 1098
A. Karg: Seite 99.
Natasha Breen/Shutterstock.com: Seite 53
Sashkin/Shutterstock.com: Seite 141
UbjsP/Shutterstock.com: Seite 97
Victor Renaud: Seite 83 u.
Vilmorin: Seite 144.

Die in diesem Buch enthaltenen Empfehlungen und Angaben sind von den Autoren mit größter Sorgfalt zusammengestellt und geprüft worden. Eine Garantie für die Richtigkeit der Angaben kann aber nicht gegeben werden. Autoren und Verlag übernehmen keine Haftung für Schäden und Unfälle. Bitte setzen Sie bei der Anwendung der in diesem Buch enthaltenen Empfehlungen Ihr persönliches Urteilsvermögen ein.
Der Verlag Eugen Ulmer ist nicht verantwortlich für die Inhalte der im Buch genannten Websites.

Bibliografische Information der Deutschen Nationalbibliothek
Die Deutsche Nationalbibliothek verzeichnet diese Publikation in der Deutschen Nationalbibliografie; detaillierte bibliografische Daten sind im Internet über http://dnb.d-nb.de abrufbar.

Wollgrasweg 41, 70599 Stuttgart (Hohenheim)
E-Mail: info@ulmer.de
Internet: www.ulmer.de
Übersetzung: Sabine Hesemann
Lektorat: Bettina Brinkmann, Dr. Ruthild Kropp, Carolin Witte
Herstellung: Verlag Eugen Ulmer
Umschlaggestaltung: Anette Vogt, red.sign, Stuttgart
Satz: r&p digitale medien, Echterdingen
Druck und Bindung: Westermann Druck Zwickau GmbH, Zwickau
Printed in Germany

ISBN 978-3-8186-1281-8

Hier können Sie weiterlesen:

Alles über Bio-Gemüse.

Pflanzen, pflegen, ernten.

Ortrud Grieb. 2018.

544 Seiten, 435 Farbfotos,

64 farbige Zeichnungen, geb.

ISBN 978-3-8001-5832-4

Rote Tomaten, zarte Mairübchen und charakterstarke Kohlköpfe: Im eigenen Garten angepflanzt, gehegt, gepflegt und geerntet. Dieses Buch beantwortet alle Fragen, die im Gemüsebeet von der Aussaat bis zur Ernte auftauchen: Was macht das Klima, was kann mein Boden? Welches Werkzeug ist das richtige zum Gießen, Hakken oder Mulchen? Wie kann ich biologisch düngen und Nützlinge einsetzen? Wie funktionieren Fruchtwechsel oder Mischkultur und geht das alles auch ohne Garten?
Vorgestellt werden neben den Kräutern alle gängigen Gemüsearten sowie viele alte und robuste Sorten.

Alles für die erste Ernte

Gemüsegärtnern super einfach.
Jean-Michel Groult. 2019.
144 Seiten, 389 Farbfotos,
Klappenbroschur.
ISBN 978-3-8186-0783-8.

Sie haben noch keinen grünen Daumen, wollen aber die erste eigene Ernte einfahren? Dann ist dieses Buch genau das richtige. Fast 400 Fotos zeigen ganz genau, was wann wie aussehen sollte und was dann zu tun ist. Lernen Sie 35 super simple Gemüsearten kennen, die garantiert bei jedem wachsen und für die erste eigene Ernte sorgen. Ganz einfach und doch so lecker!

Von welchem Gemüsegarten träumen Sie?

Mein Gemüsegarten.
Wie er mir gefällt.
Natalie Faßmann. 2019.
160 Seiten, 189 Farbfotos,
11 farbige Zeichnungen, geb.
ISBN 978-3-8186-0653-4.

Lieben Sie es, Ihr eigenes Gemüse erntefrisch zu genießen oder wollen Sie sich beim Umgraben so richtig austoben? Wollen Sie sich rundum selbst versorgen oder sind alte Gemüsesorten Ihre Leidenschaft? Machen Sie, was Ihnen gefällt! Die Autorin des Buches liefert Inspiration und Profi-Wissen. Dieses Buch enthält sorgfältig zusammengestelltes Wissen zum Aussäen, Düngen, Ernten, Lagern und Verarbeiten. Außerdem finden Sie die besten Gemüsearten für Ihren Garten von kinderleichten Radieschen bis hin zu anspruchsvollem Fenchel sowie die Klassiker Tomate, Zucchini und Kürbis.